VIRTUTE NON VERBIS

HISTOIRE

GÉNÉRALE

ET PARTICULIERE

DE LA GRÈCE;

Avec toutes les Cartes et les Planches de Monumens nécessaires à son intelligence.

Par l'Historien des Hommes.

TOME X.

A PARIS,
1783.

HISTOIRE

DE

LA GRÈCE.

DES CAUSES

DE LA

DÉCADENCE DE LA GRÈCE.

LA Grèce, à l'époque dont l'hiſtoire nous occupe, avait perdu ſon reſſort : ce patriotiſme des Républiques, qui fait faire de ſi grandes choſes, commençait à s'éteindre, & les deſcendans des

Miltiade & des Léonidas, plus occupés
à jouir de la gloire de leurs ancêtres,
qu'à en mériter une qui leur fût propre,
ne repréfentaient, aux yeux des étrangers,
que par les ftatues des héros de leur maifon, & non par leur génie, & par leurs
vertus.

Cette dégradation, qui n'était venue
que par degré, avait des principes qui
ne doivent point échapper aux regards
de l'obfervateur. C'eft un tableau où,
de tems en tems, notre Europe pourrait
fe reconnaître, fi les fautes de l'antiquité
n'étaient pas ordinairement perdues pour
les modernes, qui fe permettent le plus
de les cenfurer.

La Grèce, en fe formant en République, avait adopté ce beau gouvernement
fédératif, qui donne, à un Etat faible &
ifolé, la force de tous les Etats qui l'environnent. Elle ne fut pas faire ufage de
ce fecret admirable, qui devait rendre fa
durée éternelle ; elle ôta, au Tribunal
chargé de repréfenter la confédération,

le pouvoir néceſſaire pour faire reſpecter
ſes décrets, & en l'occupant uniquement
des querelles de religion, elle énerva le
grand reſſort qui faiſait marcher réguliè-
rement le corps politique. Voilà une des
cauſes les plus évidentes de la décadence
de la Grèce : elle date de l'affaibliſſement
du tribunal ſuprême des Amphyctions.

Du moment que l'ambition individuelle des Républiques ne fut plus com-
primée par la force générale, Athènes &
Lacédémone cherchèrent à devenir des
Puiſſances dominantes ; alors l'équilibre
fut rompu ; il n'y eut plus que deux villes
dans la Grèce, dignes des regards de l'Hiſtoire , & les autres , faibles & avilies , ne
dûrent plus briguer que l'honneur d'être
leurs premières eſclaves.

Par une fatalité ſingulière , à peine
Athènes & Lacédémone commençaient-
elles à ſe partager l'Empire du Péloponèſe , que toutes deux , de concert , laiſ-
sèrent ſe dégrader les légiſlations vigou-
reuſes , auxquelles elles devaient leur

ſupériorité. Athènes ſe permit de mo-
difier les inſtitutions de Solon , & Lacédémone, d'interprêter, à ſon gré, celles
de Lycurgue : ce qui était les anéantir.

La Grèce, dans l'origine de ſes démêlés
avec l'Aſie, avait établi, pour principe
de ſa ſûreté, de fermer à jamais, aux
Barbares, le paſſage en Europe. Darius
& Xerxès, qui avaient tenté de franchir
cette barrière, les armes à la main, s'étaient
vus repouſſer avec ignominie : ce que
l'épée des Deſpotes de la Perſe n'avait
pu faire, à la honte de la Grèce, leur
or vint l'exécuter ; on vit des Satrapes
de l'Aſie mineure acheter ouvertement
la diſcorde de Thèbes, d'Argos ou d'A-
thènes, & les deſcendans de Thémiſtocle
& de Léonidas mandier , dans Suze,
l'appui des Rois, que leurs ancêtres avaient
tant de fois vaincus. L'infâme traité d'Antalcidas couronna ce délire de baſſeſſe :
c'eſt lui qui fit, du Roi des Rois, l'arbitre
ſuprême du Péloponèſe.

Les diſcordes inteſtines des grandes

Républiques de la Grèce, achevèrent de l'expofer, fans défenfe, au glaive des conquérans. A voir l'acharnement avec lequel Athènes & Lacédémone fe difputèrent, pendant les vingt-huit ans de la guerre du Péloponèfe, la gloire frivole d'ériger quelques trophées, il était aifé, à la politique la moins exercée, de prefentir que ni l'une ni l'autre de ces villes ne refterait, à la fin, maitreffe du champ de bataille.

Si, du moins, cette longue guerre du Péloponèfe avait perfectionné la Tactique des Grecs; mais, tout entier à la haine aveugle qui les infpirait, ils fongèrent peu à en légitimer les horreurs, à force de génie. Les batailles fe livrèrent, les villes fe prirent, prefque fans deffein prémédité: point de plan raifonné d'opérations militaires; le théâtre de la guerre changea à chaque inftant, & fi les Grecs, à cette époque, malgré l'éloquence de Thucydide & le fafte de fes harangues, ne reffemblent pas à des barbares qui exécutent des expéditions de brigandages , il ne faut l'attribuer , peut-être, qu'aux talens de Périclès & de Lyfandre , dont l'un ouvrit , & l'autre termina la guerre du Péloponèfe.

Le conquérant, qui devait profiter de l'épuifement des Républiques de la Grèce, pour les fubjuguer, ne fut point le Roi de Perfe ; cependant, les portes de toutes les villes lui étaient ouvertes, par la paix d'Antalcidas ; mais qu'attendre d'un Defpote fans énergie, endormi, par principe & par habitude, à l'ombre des voluptés ? La fameufe Retraite des Dix-Mille venait tout récemment d'annoncer, à la Perfe, combien des républicains dégradés font encore fupérieurs à des efclaves fubalternes, qui, dans un Etat abfolu, attendent, en tremblant, les ordres d'un premier efclave.

L'orage partit d'un coin de la Grèce, jufqu'alors ignoré ; ce fut ce Macédonien, que Sparte & Athènes croyaient honorer, en ne lui donnant point le nom de barbare, qui leur arracha le fceptre que leur orgueil étendait fur le Péloponèfe.

Il n'y avait, à cette époque, dans la Grèce, que trois villes en état de retarder fon efclavage, & leur dégradation était telle, qu'aucune ne fut rendie inutile ni l'or de Philippe, ni l'épée d'Alexandre.

Sparte venait d'être vaincue, dans fes propres foyers, par Lyfandre, un de fes concitoyens. Ce célèbre fcélérat, qui ne croyait point à la vertu, avait appris, à fon pays, que les fermens ne font que de vains jouets entre les mains de la Politique; il avait façonné, aux recherches du luxe, l'auftérité des mœurs Lacédémoniennes; il avait introduit un fafte dépravateur dans la ville de Lycurgue, & les dépofitaires des loix avaient fermé les yeux fur ces attentats contre l'ordre public, à caufe des grandes chofes que l'armée aux ordres de ce factieux avait exécutées dans l'Attique & dans l'Afie mineure. La faibleffe du Gouvernement de Sparte, dans de pareilles circonftances, annonçait affez le vice interne de fa nouvelle conftitution. Car Lyfandre, d'après les maximes admirables de Lycurgue, devait être puni à-la-fois comme conquérant & comme corrupteur de fa patrie.

Athènes n'avait guères plus de reffort que fa rivale. Périclès, pour l'enchaîner plus aifément, l'avait défarmée ; maître, par fon génie, de diriger l'opinion générale, il avait eu l'adreffe de tourner du côté des arts, l'enthoufiafme guerrier qui animait tous les efprits, au tems des Miltiade & des Thémiftocle. Ce changement dans les mœurs s'opéra avec une rapidité incroyable ; Périclès mourut au commencement de la guerre du Péloponèfe, & avant qu'elle fût terminée, les Athéniens avaient abandonné la prétention d'être le boulevard de l'Europe contre les Barbares, pour la gloire puérile de devenir le peuple le plus aimable du monde connu : or, un peuple aimable ne réfifte ni à la force, ni à la corruption ; la politique l'achète, & la force finit par le subjuguer.

On peut juger de la dégradation d'Athènes, vers le règne de Philippe de Macédoine, par le décret qui consacrait les fonds de la guerre à l'entretien des spectacles, & qui décernait la peine de mort contre le sage qui tenterait de faire révoquer une si étrange décision. Quand un peuple en est venu à ce degré de corruption, il ne faut plus chercher de ressort politique dans son Gouvernement ; la métropole peut se couvrir de monumens superbes, son théâtre peut devenir un modèle pour les siècles, sa philosophie peut agrandir l'esprit humain, mais la patrie n'est plus, le faste extérieur qui décore cet Etat, prêt à s'écrouler, n'est que celui d'un mausolée qui renferme un cadavre.

Thèbes, peut-être, au défaut d'Athènes & de Lacédémone, aurait retardé l'esclavage de la Grèce ; mais cette ville sans marine, sans commerce, & presque sans

légiſlation, n'eut que l'exiſtence éphémère
que lui donna le génie d'Epaminondas
& de Pélopidas : à la mort de ces grands
hommes, elle retomba dans ſon obſcurité
primitive. Au reſte, je ne ſais ſi les victoires de Leuctres & de Mantinée ne
prouvèrent pas encore plus la faibleſſe
des vaincus, que la force des vainqueurs;
les Thébains, toujours triomphans, au
ſortir de la guerre du Péloponèſe, auraient bien pu échouer, à l'époque des
journées de Marathon & des Thermopyles.

La Grèce était donc à-la-fois affaiblie
& avilie, quand elle commença à ceſſer
d'appartenir à elle-même : il eſt tems de
changer de pinceau, & de paſſer à l'hiſtoire
du peuple dominateur; cette hiſtoire ſi
brillante, du moins pendant un demi-
ſiècle, nous conſolera, peut-être, de la
vieilleſſe des grandes Républiques du
Péloponèſe.

HISTOIRE PRIMITIVE

DE

LA MACÉDOINE (*a*).

LA Macédoine (*b*), bornée, dans son origine, à la petite province d'Emathie, quoique située au centre de la zone tempérée, n'offrit long-tems aux yeux qu'un vaste désert ; elle était féconde en mines d'or, & personne ne savait les exploiter ; la mer, sous plusieurs aspects, baignait ses rivages, & elle n'avait point de ma-

---

(*a*) *Justin.* lib. 2 & 7 ; *Pausan.* lib. 8 & 9 ; *Herod.* lib. 4, 5, 7 & 8 ; *Strab.* Geogr. lib. 6 ; *Thucyd.* lib. 2, 3, 4 & 5 ; *Diod. Sicul.* lib. 11, 12, 14 & 16 ; *Euseb.* in Chronic.

(*b*) Voyez la Géographie de cette Monarchie, au tome I de cette Histoire, pag. 130.

rine ; des fleuves se précipitaient de ses montagnes, pour inonder ses plaines , & aucun bienfaiteur des hommes ne tentait de les resserrer dans leur lit, pour vivifier l'agriculture.

Tel était l'état, ou plutôt le néant de cette contrée , quand vers l'an 775 de l'Ere de Paros, CARANUS, issu de Témène, un des Héraclides (*a*) , inspiré par un Oracle (car les trônes ne s'élevaient & ne s'abattaient alors qu'en vertu des Oracles), vint, à la tête d'une armée Grecque, y fonder une Monarchie. Quoiqu'il n'y régnât qu'en vertu du droit terrible de conquête , on ne voit pas que les peuples indigènes aient gémi du joug qu'il leur avait imposé. On cite de lui

----

(*a*) Un ancien Historien Grec , cité par Eusèbe *in Chronic.*, ne trouve que neuf générations entre Caranus & Hercule ; à en croire Velleius Paterculus *Histor.* lib. 1 , il y en avait quatorze ; mais nous n'avons besoin ici que de la chronologie depuis Caranus , jusqu'à Alexandre.

un trait de modération, bien propre à faire respecter sa mémoire. Il venait d'ajouter à ses possessions le petit Etat d'un de ses voisins, qu'il avait vaincu en bataille rangée, &, suivant l'usage immémorial de l'ancienne Grèce, il avait consacré sa victoire par un trophée : le hasard voulut qu'un lion, sorti d'une forêt voisine du mont Olympe, renversa ce monument. Caranus, amené à une philosophie pacifique, par ce prétendu signe de la colère céleste, défendit à ses Généraux de faire relever le trophée, &, de ce moment, il regarda comme une maxime d'Etat, de se montrer le père des peuples à qui il imposait des loix, & de ne point faire survivre sa haine à sa victoire.

Caranus, après vingt-huit ans de règne, laissa le trône qu'il avait fondé, à Coënus son fils, qui, après l'avoir occupé douze ans, sans avoir rien fait de mémorable, le transmit à son tour à son fils Thurimas, qui ne s'y maintint, pendant trente-huit ans, que pour fournir un nom obſcur à la Chronologie.

PERDICCAS I , tige d'une nouvelle dynaſtie , eſt plus connu que ſes deux prédéceſſeurs , parce qu'il l'eſt du moins par les fables d'Hérodote. Il faut tranſcrire ici le texte étrange de cet Ecrivain , parce qu'il fait connaître à-la fois ſa crédulité , & celle du peuple à qui il liſait ſon hiſtoire aux Jeux Olympiques (*a*).

» Trois Princes, deſcendus de Témène, » s'enfuirent un jour d'Argos, & allèrent » ſe mettre, à vil prix, au ſervice d'un » petit Roi de la Macédoine. L'un eut » l'inſpection des chevaux , l'autre des » bœufs, & Perdiccas, le plus jeune, » celle du menu bétail ; car , à cette » époque, les Rois, ainſi que leurs ſu- » jets , avaient peu d'argent dans leurs » tréſors , & on voyait leurs épouſes pé-

______

(*a*) *Herod.* lib. 8 , *in fine.*

» trir, de leurs mains royales, le pain
» qu'elles deftinaient à la fubfiftance de
» leur maifon. Or, la Souveraine de ces
» trois Princes fugitifs s'apperçut, à dif-
» férentes reprifes, que toutes les fois
» qu'on retirait du four le pain qu'elle
» leur préparait, celui de Perdiccas dou-
» blait de volume. Le Roi, fon époux,
» inftruit de ce prodige, le regarda
» comme un préfage finiftre, & ap-
» pellant les trois frères, il leur com-
» manda de fortir de fes Etats : ceux-ci
» promirent d'obéir, mais demandèrent
» le falaire dû à leurs fervices : *Rien*
» *n'eft plus jufte*, leur dit le Monarque ;
» *vous voyez le foleil qui entre par cette*
» *ouverture, dans mon palais, je vous le*
» *donne pour le prix de vos fervices.* Les
» deux aînés gardèrent le filence de la
» furprife : *pour moi, j'accepte le préfent,*
» dit Perdiccas avec fierté, & il fortit à
» l'inftant du Royaume.

» Cependant le Defpote infolent,
» réfléchiffant fur la réponfe fuperbe de

» Perdiccas , en craignit les fuites , &
» envoya une cohorte de gens armés ,
» pour l'affaffiner avec fes frères. Les
» Téménides venaient de traverfer un
» fleuve à gué , quand ils apperçurent les
» foldats fur le rivage. Le danger devenait
» éminent, lorfque tout-à-coup les flots
» s'élevèrent à une telle hauteur , que
» le fleuve fut inacceffible aux affaffins.
» Les Princes , fauvés par ce prodige ,
» allèrent habiter une région enchantée ,
» qui avait autrefois appartenu à Midas.
» Des rofes à foixante feuilles y naif-
» faient fans culture , & embaumaient
» les airs. C'eft de-là que Perdiccas partit,
» avec fes frères, pour fubjuguer toute la
» Macédoine «.

De pareils contes ne fe commentent
pas , dans une Hiftoire des Hommes. On
fait régner le héros de ce roman Grec ,
un peu plus d'un demi-fiècle.

Argée, fils de Perdiccas , & Philippe I,
fils d'Argée, occupèrent tour-à-tour ,
chacun pendant trente-huit ans, le trône

de la Macédoine , ayant fans cefle à combattre des brigands d'Illyrie , qui venaient ravager leurs Etats. Le fuccès de ces guerres fut très-varié. On obferve que les Rois combattaient alors en perfonne, pour la défenfe de leurs peuples, & Philippe mourut martyr d'une fi belle caufe , fur un champ de bataille.

EROPAS venait de naître , quand Philippe fon père fut tué. L'armée Macédonienne , pour s'encourager à venger fon Souverain , fit porter , au milieu de la mêlée, l'enfant royal dans fon berceau. Sa vue , plus efficace que celle des étendarts & des trophées, fit faire des prodiges de valeur aux foldats , & ils obtinrent la victoire : on ignore ce que fit Eropas au fortir du berceau ; fa vie, ainfi que fon règne , fut, à ce qu'on croit, de vingt-fix ans.

ALECTAS ou ALCÉTAS, quoique Souverain pendant vingt-neuf ans , n'eft connu que pour avoir été le père d'Amyntas , qui a joué quelque rôle dans l'hiſtoire combinée de la Perſe & de la Macédoine.

AMYNTAS I vivait ſous le règne du premier Darius. Le ſuperbe Deſpote de la Perſe, qui ne connaiſſait les Rois que pour les rendre tributaires, envoya des Satrapes pour *demander le feu & l'eau* au Souverain de la Macédoine. Amyntas, encore mal affermi ſur ſon trône, fit plier ſon orgueil à la néceſſité, & accorda l'hommage. Après la cérémonie, il y eut, dans le palais, un feſtin magnifique, où les Satrapes furent invités. Lorſque le vin, répandu avec profuſion, commença à échauffer les têtes, les Perſes demandèrent qu'on fît entrer, dans la ſalle, les femmes de la Cour, & violant les droits ſacrés de l'hoſpitalité, ils ſe livrèrent, en préſence de leurs pères & de leurs époux, à des careſſes dont rien ne pouvait pallier l'indécence. Amyntas outré, mais naturellement timide, cherchait, par politique, à concentrer une indignation, qui ne demandait qu'à s'exhaler. Alexandre son fils, qui s'apperçut de son embarras, le pria de se retirer un moment, & de lui abandonner le soin de sa vengeance; ensuite, s'adressant aux Satrapes, il leur fit observer que la nuit était très-avancée, & que l'intérêt de leurs plaisirs demandait qu'ils prissent un moment de repos, pour se rendre plus dignes des faveurs des femmes dont ils desiraient la jouissance. Tout le monde applaudit au projet: les Macédoniennes se retirèrent, sous prétexte de prendre le bain, & les Perses, attendant leur retour, renvoyèrent leurs esclaves.

Alexandre avait, parmi les gardes de son père, un nombre de jeunes gens dont le menton, revêtu à peine du léger duvet de l'adolescence, ne pouvait trahir leur sexe: il leur fit revêtir les robes des Macédoniennes, leur donna à chacun un poignard, & les introduisit dans la salle du festin. Les Satrapes, trompés par la double ivresse du vin & de leurs desirs, firent asseoir les nouveaux convives sur leurs genoux, & au moment où ils les embrassaient, ceux ci les poignardèrent.

Cependant cette vengeance, toute juste qu'elle pouvait paraître à des peuples encore neufs, était sur le point de leur devenir fatale. La Cour de Perse, qui ne voyait point revenir ses Ambassadeurs, avait chargé le Satrape Bubaris d'entrer en Macédoine à la tête d'une armée, pour les ramener en Asie, ou, s'ils n'étaient plus, pour punir leurs assassins. Alexandre, dont l'orage menaçait particulièrement la tête, le conjura, en envoyant sa sœur négocier la paix avec Bubaris. Le Perse, épris de la beauté de la Princesse, la demanda en mariage, & pour l'obtenir, on arrangea, auprès de son Souverain, l'affaire de l'assassinat des Ambassadeurs, de manière qu'il en résulta la paix de la Macédoine.

Cette paix aurait été de peu de durée, s'il était vrai, comme Hérodote le fait entendre, que Mardonius vint, sous le règne du même Darius, conquérir la Monarchie d'Amyntas. Il eſt probable que la prétendue conquête de Mardonius ne fut qu'un nouvel hommage exigé des Rois de Macédoine. Le père de l'Hiſtoire, lui-même, fait naître cette conjecture, quand il dit, dans un autre endroit, que Xerxès, enchanté du zèle d'Amyntas pour la gloire de la Perſe, ajouta à ſes Etats tout le pays ſitué entre le mont Hœmus & l'Olympe. On donne un demi-ſiècle de règne au père du premier Alexandre.

ALEXANDRE I ſemble le premier des Deſpotes de la Macédoine qui ait eu un caractère : l'audace avec laquelle nous l'avons vu venger les mœurs de ſon pays, par l'aſſaſſinat des Ambaſſadeurs de la Perſe, prouve tout ce qu'il aurait pu faire pour la cauſe commune de la Grèce, s'il avait eu le courage de ſe contenter d'être le Chef d'un peuple libre ; mais, en qualité de Roi abſolu, il ſe crut obligé de ſervir la haine des Darius & des Xerxès contre les Répu-

bliques du Péloponèse, & la gloire qu'il
ambitionnait échappa de ses mains : nous
avons vu quel fut le peu de succès de
sa négociation auprès des Athéniens,
lorsque, l'or en main, il vint leur pro-
poser, au nom de Mardonius, d'abandonner Lacédémone à la vengeance de
la Perse. Aristide, alors le premier des
Archontes, répondit publiquement à
Alexandre, que quand on mettait quelque prix à l'amitié d'une République, on
ne devait point lui donner des conseils
qui la deshonorent. Le Roi confus, mais
dont les yeux étaient toujours fascinés,
alla envenimer cette réponse auprès de
Mardonius, avec tout le zèle d'un es-
clave couronné qui attend sa récom-
pense.

Cependant, dans la suite, quand le
Roi de Macédoine vit que la fortune
était pour la cause de la liberté, il se
souvint qu'il était Grec, & son système
de politique changea : il fit passer, à
Pausanias, des avis utiles, qui ame-

nèrent la victoire célèbre de Platée , & la mort de Mardonius.

Alexandre eſt renommé pour avoir été un des Princes les plus magnifiques de ſon tems : les Oracles , qu'il combla de préſens , perſuadèrent auſſi à l'Europe qu'il en était le plus ſage. Son règne fut de trente - cinq ans , & ſon fils hérita de ſa couronne.

Perdiccas II. — Ce Prince ſe brouilla avec un Scytalcès , Roi de Thrace , qui , ſuivant les Romans hiſtoriques du tems , ſortit du petit coin de terre où il régnait , avec une armée de cent cinquante mille hommes , pour donner la Macédoine à un uſurpateur. L'orage fut conjuré par Seuthès , proche parent du barbare , qui ſe fit le médiateur entre les deux Puiſſances , à condition que Stratonice , ſœur de Perdiccas , lui ſerait accordée en mariage.

Perdiccas apprit que l'invaſion de Scytalcès était due à la politique d'Athènes , & , pour ſe venger de cette République , il fit une ligue offensive & défensive avec Brasidas, Général de Lacédémone. L'étoile d'Athènes l'emporta à la fin, & le Roi de Macédoine fut trop heureux de recevoir, de Nicias, des conditions de paix qui, sans être avantageuses pour lui, assurèrent l'indépendance de sa Monarchie.

Perdiccas s'agita assez obscurément sur son trône, pendant les quarante-deux ans qu'il l'occupa ; cependant, Diodore dit qu'il mourut comblé de gloire. Le silence des faits nous empêche d'apprécier cette gloire dont parle Diodore.

Archelaüs n'était pas, dit-on, l'héritier légitime de Perdiccas : une tradition veut qu'il s'empara de la couronne, en jettant son frère aîné dans un puits ; on ajoute que d'autres Princes de sa maison lui faisant ombrage, il s'en défit par le fer ou par le poison : ces attentats lui attirèrent la haine publique ; alors, pour faire diversion, il eut le bon esprit de protéger les arts : cherchant ainsi à se former, avec le suffrage des siècles de lumière, un rempart contre les anathêmes de ſes contemporains : il offrit le ſort le plus brillant à Socrate, s'il voulait venir en Macédoine : mais le Sage vit qu'il n'y avait point de bien à faire aux hommes, à la Cour d'un Deſpote, & il refuſa. Les Poëtes de la Grèce furent, à cet égard, moins délicats que les Philoſophes, & ils accoururent de toutes parts, chez un Prince qui ſavait mieux payer les éloges, que s'en rendre digne. Le plus célèbre d'en-tr'eux eſt Euripide. Archelaüs le combla de bienfaits, &, à ſa mort, il lui fit ériger un mauſolée, qui ne parut point indigne des regards du beau ſiècle d'A-lexandre.

On croit que le bienfaiteur d'Euripide perdit la vie de la main de Cratère, un de ſes favoris, qui fut maſſacré lui-même, quatre jours après ce régicide. Diodore ne donne que ſept ans de règne à Ar-chelaüs ; mais il en faut ajouter quatorze, ſi l'on veut ne point laiſſer de vuide, dans la chronologie des Rois de Macédoine.

Amyntas II. — Il eſt probable que c'eſt le nom d'un Prince du ſang des Rois de Macédoine, qui, créé Régent de l'Etat, pendant la minorité d'Oreſte, fils d'Archelaüs, en devint le Souverain, après la mort de ſon pupille il y a des Hiſtoriens qui nomment ce Monarque Erope : tout ſe concilierait, en ſuppoſant qu'Erope ſe fit appeller Amyntas, quand il obtint le pouvoir ſuprême : au reſte, rien n'intéreſſe la poſtérité, dans un Prince ſans caractère, qui ne gouverna qu'un an la Macédoine, ſoit ſous ſon nom, ſoit ſous celui de ſon pupille.

L'époque dont l'hiſtoire nous occupe, n'offre que de petites révolutions qui s'opèrent autour du trône, & où les peuples n'ont preſque point de part Pausanias, fils d'Amyntas, ayant regardé la Macédoine comme ſon héritage, ſe couronna lui-même, & après dix à onze mois d'un règne orageux, périt de la main d'Amyntas III, qui s'empara de ſa couronne.

Le nouveau Monarque avait oublié, dans son plan de tyrannie, de se défaire D'ARGÉE II, frère du Roi qu'il avait détrôné : après six ans de discordes intestines dans ses Etats, il fut obligé de céder le pouvoir suprême à ce Prince, & de chercher un asyle au fond de la Thessalie

Argée ne se maintint que deux ans maître de la Macédoine. Amyntas, au bout de cet intervalle, fut rappellé, & gouverna encore dix-huit ans, grace au système de modération qu'il adopta à l'égard des restes de la faction expirante, & sur-tout à la politique adroite qui le rendit à-la-fois l'ami d'Athènes & de Lacédémone.

C'est de cet Amyntas & d'Eurydice, que naquirent Alexandre II, Perdiccas III & Philippe II, père d'Alexandre, le vainqueur de Darius.

ALEXANDRE II avait quelques talens pour la guerre, puisqu'il se mesura, avec succès, avec un Prince de son nom, qui

était tyran de Phères, & qu'il conquit
presque toute la Thessalie. Il fut moins
heureux au sein de ses Etats : un bâtard
d'Amyntas, nommé Ptolémée, cons-
pira contre lui, & lui ôta la couronne
& la vie : on ne donne que trois ans de
règne, au Conquérant de la Thessalie.

Ptolémée, sans doute, à cause du défaut de sa naissance, ne prit que le titre
de Régent; mais il le conserva pendant
cinq ans, avec plus d'autorité encore,
que s'il eût été un Roi légitime. On ne
sait par quelle révolution Perdiccas III
lui succéda au trône de Macédoine.

Perdiccas, quoique frère d'Alexandre,
& par conséquent le plus proche héritier
du trône, ne régna qu'au milieu des ora-
ges : un Pausanias, Prince de son sang,
se fit chef de parti, & conduisit une
armée de mécontens, aux pieds des remparts de la capitale. Heureusement pour
le nouveau Roi, Iphicrate se trouvait
alors Amiral d'une flotte Athénienne,
destinée au siége d'Amphipolis : Eurydice

émut fa fenfibilité, en lui peignant, d'une manière déchirante, les malheurs de la famille d'Amyntas, & le héros fit triompher le Roi légitime.

Perdiccas fut moins heureux contre les ennemis de l'Etat, que contre des rebelles : ayant eu la témérité de s'engager dans une guerre avec les peuples d'Illyrie, il fut vaincu, & périt fur le champ de bataille.

COMMENCEMENS

DE

PHILIPPE DE MACÉDOINE (a).

PHILIPPE II, connu dans l'antiquité fous le nom de Philippe de Macédoine, n'était pas l'héritier préfomptif de la couronne. Le dernier Roi avait laiffé un enfant à peine forti du berceau, que, pour le malheur des peuples, le hafard de la naiffance condamnait à régner. La Macédoine, à moitié envahie par les brigands de l'Illyrie, déchirée par deux fantômes de Rois, Argée & Paufanias, était perdue, fi, dans les circonftances

---

(a) *Diod. Sicul.* lib. 16 ; *Juftin*, lib. 7 ; *Plutarch.* in Pelopid.; *Demofth.* de Falf. Legat.; *Polyen*, Stratag. lib. 4.

critiques où elle se trouvait, la succession naturelle au trône n'avait pas été intervertie. Les peuples s'apperçurent bientôt qu'ils avaient besoin d'être gouvernés par un homme, &, pour prévenir les suites fatales d'une longue minorité, ils déposèrent l'enfant royal, & couronnèrent son oncle Philippe; ce Prince avait alors vingt quatre ans. Son avènement est de l'an 1215 de l'Ère de Paros, qui répond à la quatrième année de la cent cinquième Olympiade.

Philippe était peut-être digne, par son génie, que la patrie fît taire les loix en sa faveur. Nous avons vu, dans la vie de Pélopidas, que ce Héros, pour pacifier la Macédoine, l'avait pris pour ôtage, & conduit à Thèbes. L'éducation qu'on lui donna dans cette ville, alors la première de la Grèce, était bien faite pour faire germer, dans son cœur, toutes les semences heureuses qu'y avait jettées la Nature. Epaminondas lui apprit l'art de combattre les ennemis de l'Etat, &

le Pythagoricien Lyſis, l'art plus difficile
encore de ſe combattre ſoi même. Thèbes
ne ſe ʼoutait guères, en formant, pour
la gloire, la jeuneſſe de Philippe, qu'elle
élevait un Héros pour ſa ruine.

Philippe apprit, dans Thèbes, les dé-
ſaſtres de la Macédoine ; il ſçut que trois
armées s'apprêtaient à-la-fois à la dé-
vaſter ; que les Illyriens, fiers d'avoir
vaincu & tué Perdiccas, marchaient, en
conquérans, vers ſa capitale ; que les
Athéniens voulaient donner la couronne
à Argée, & les Thraces à Pauſanias. Dans
une conjonͨture auſſi critique, il ne prit
conſeil que de ſon courage ; il partit
ſecrètement de Thèbes, & vint montrer
tout-à-coup, à ſes peuples éperdus, le
vengeur de Perdiccas, & l'ennemi des
uſurpateurs.

Les Etats de Macédoine ne déférèrent
d'abord à Philippe que le titre de Régent,
pendant la minorité du fils de Perdiccas ;
mais quand ils virent que c'était mettre
des bornes à ſon génie, que d'en mettre

à son pouvoir, ils lui décernèrent la couronne. Le nouveau Roi ne tarda pas à répondre à l'attente publique ; il marcha contre les brigands d'Illyrie, qu'il tailla en pièces, & à qui il enleva toutes leurs conquêtes. Les deux fantômes de Rois qu'Athènes & les Thraces protégeaient, n'opposèrent aussi qu'une faible barrière à ses exploits ; il remporta une victoire complette sur Argée, & ferma à Pausanias l'entrée de la Macédoine.

Ses triomphes furent couronnés par la prise d'Amphipolis : cette ville importante, la clef de la Macédoine, était une ancienne colonie d'Athènes, & sa position sur les frontières, mettait à portée la métropole de favoriser tous les troubles de la Monarchie. Philippe, maître de cette place, mais qui ne pouvait la garder sans offenser les Athéniens, qu'il avait intérêt de ménager, au commencement d'un règne si orageux, concilia son ambition & sa politique, en déclarant libre sa conquête : d'un côté, ce trait de modération enchaîna la vengeance d'Athènes ; de l'autre, Amphipolis, dans l'ivreſſe de ſon enthouſiaſme, aima mieux faire cauſe commune avec ſon bienfaiteur, qu'avec ſa métropole.

Le bienfaiteur d'Amphipolis ne tarda pas à être ſon maître. Quand il vit la prudence d'Athènes endormie, par ſes artifices, il parut tout d'un coup, à la tête d'une armée, ſous les remparts de la ville qu'il avait leurrée du fantôme de l'indépendance. Les intelligences qu'il avait dans la place, lui en facilitèrent la priſe ; & dès qu'il la vit en ſon pouvoir, il en fit une des plus fortes barrières de ſa Monarchie.

Athènes, à ce coup, ſe réveilla de ſa léthargie ; mais tandis qu'elle s'amuſait à négocier une ligue contre la Macédoine, avec les Puiſſances de la Grèce, le Conquérant actif s'empara de Pydna, de Potidée, & d'une ville récemment bâtie par les inſulaires de Thaſe, à laquelle il donna ſon nom. Cette dernière ville de

Philippes, quoique peu importante par elle-même, valut un Royaume entier à son nouveau maître, parce qu'il trouva, dans son territoire, des mines d'or, dont l'exploitation augmenta tous les ans son tréfor de plus de mille talens (près de fix millions de notre monnaie). C'est avec l'or de ces mines que Philippe tenta d'acheter les Républiques du Péloponèfe.

DE LA PHALANGE

DE

MACÉDOINE (a).

Toutes les villes Grecques n'étaient pas encore affez avilies pour échanger, contre de l'or, leur gloire & leur indépendance. C'eft contre celles qui femblaient inacceffibles à la corruption, que Philippe employa la voie des armes. A cet effet, il fe fit une Tactique particulière, qui, perfectionnée par fon fils, lui valut la conquête du tiers du globe. Tel, de nos jours, le premier Souverain de la Pruffe, en créant une nouvelle

---

(a) *Polyb.* lib. 12 & 17 ; *Elian.* de Inftr. Acieb. ; *Plutarch.* in Paul. Emil. & Pelopid.

difcipline militaire , a rendu , fans le favoir , le Grand Frédéric fon fils , la terreur de l'Allemagne , & l'arbitre de l'Europe.

La partie de la Tactique de Philippe de Macédoine , qui lui a fait le plus grand honneur dans l'antiquité, eft l'inftitution de la Phalange. Les détails que nous a donnés à cet égard le fage Polybe, quoique deftinés à former un Etat purement militaire , c'eft - à - dire un Etat contre nature , ne font point indignes de trouver place dans une Hiftoire des Hommes.

Philippe lifait quelquefois Homère : ce grand Poète décrit, dans un chant de l'Iliade , la formation d'un bataillon particulier , qu'il nomme le *Pourgos.* » Là , dit-il , les boucliers joignent les » boucliers , les cafques touchent les » cafques , & le foldat , ferré contre le » foldat, ne préfente, à l'ennemi, qu'une » feule maffe menaçante. Les yeux voient » flotter , avec effroi , au-deffus de ce

» bataillon, une forêt de panaches, qui
» semblent tenir à une seule tête «.

Le Pourgos de l'Iliade, réuni à l'idée
du bataillon sacré de Thèbes, que
Philippe avait vu manœuvrer tant de
fois, fut le germe de la Phalange de
Macédoine.

On donnait le nom de phalange à un
corps d'infanterie composé de seize mille
hommes pesamment armés, & qu'on
plaçait, d'ordinaire, au centre du corps de
bataille. Chaque soldat, qui formait
cette légion d'élite, avait, outre le bouclier & l'épée, une pique d'environ
vingt pieds de long (a), qu'on appellait
Sarice, & qui jouait un grand rôle dans
les évolutions de la Phalange.

Ce corps formidable se divisait, d'ordinaire, en dix bataillons égaux chacun,

---

(a) Le texte Grec dit quatorze coudées ; on
sait que la coudée d'Athènes était de dix-sept
pouces.

rangés sur cent hommes de front, & seize de profondeur : cependant, la nature du terrein où l'on combattait, exigeait quelquefois qu'on étendît ou qu'on resserrât davantage le front de la phalange ; alors on bornait, à huit hommes, la profondeur de chaque bataillon, ou bien on l'augmentait jusqu'à trente-deux.

Chaque soldat, dans les marches, avait un espace de cinq pieds six pouces en tout sens pour manœuvrer : lorsque la phalange attaquait l'ennemi, les rangs & les hommes se resserraient ; alors l'espace était borné à deux pieds neuf pouces ; dans le cas où ce corps formidable, attaqué lui - même, ne devait former qu'une masse, & vaincre uniquement par sa résistance, les bataillons se pressaient encore davantage, & le soldat n'occupait plus que seize pouces & demi de terrein.

Le Phalangite tenait la sarice de façon, qu'il en passait, derrière lui, une étendue de cinq pieds & demi, & le reste de l'arme offenſive pouvait par conſéquent atteindre l'ennemi à quatorze pieds ſix pouces. D'après cet expoſé, & la connaiſſance de l'eſpace qu'occupait le ſoldat, ſoit dans l'attaque, ſoit dans la défenſe, il eſt aiſé de ſe faire une idée de cette force étonnante, qui mettait, dans les mains d'une phalange, la deſtinée des batailles.

Lorſque le corps entier marchait, pour rompre l'ordonnance d'une armée, comme l'eſpace qu'occupait le ſoldat n'était que de deux pieds neuf pouces, on conçoit que ſi la première file portait la ſarice juſqu'à quatorze pieds & demi hors du rang, la ſeconde, avec cette arme terrible, le ſurpaſſait encore de onze pieds neuf pouces, la troiſième de neuf pieds, la quatrième de ſix pieds trois pouces, & la cinquième de trois pieds & demi; quelle puiſſance ne devait donc pas avoir cette lourde maſſe hériſſée de piques, quand elle tombait, de tout ſon poids, ſur des bataillons qu'elle ſe propoſait

d'écraſer ! C'eſt ici que la force d'enſemble rend parfaitement inutile la force
individuelle qu'on lui oppoſe : il eſt évident que ſeize mille hommes ainſi arran-
gés, n'euſſent-ils qu'une valeur ordinaire,
peuvent défier cinquante bataillons ennemis, qui ſeraient compoſés chacun des
trois cents héros des Thermopyles.

La phalange, en défenſe, préſentait
un appareil plus rerrible encore : car,
comme le ſoldat n'occupait plus que
ſeize pouces & demi de terrein, les
ſarices du premier rang débordant toujours de quatorze pieds ſix pouces, il
s'enſuivait que celles du dixième attei-
gnait encore au - delà des premiers ſoldats, & l'ennemi avait dix piques à
briſer, avant d'ouvrir le premier rang de
la phalange.

Les ſarices de routes les lignes, depuis
la ſixième, dans le cas d'attaque, & depuis la onzième, dans celui de défenſe,
quoique peu à portée de la mêlée, n'é-
taient point inutiles à la phalange; comme

le ſoldat avait ordre de porter cette arme élevée en haut, & un peu inclinée ſur le rang qui le précédait, toute cette partie des lignes avait une eſpèce de toît qui ſervait à la protéger contre les traits.

La profondeur de la phalange, quoiqu'au premier abord rendant inutile le plus grand nombre des lignes, ne nuiſait point à la force de la maſſe; car les ſoldats qui ne combattaient pas, ſoutenaient les phalangites de la mêlée, de tout le poids de leurs corps, & les empêchair, en cas de terreur panique, de reculer; il fallait de toute néceſſité, quand on était aux premières lignes, vaincre ou mourir.

Telle était, dans ſon beau point de vue, la phalange de Macédoine : elle n'était cependant pas invincible, ſans quoi tous les Etats militaires l'auraient adoptée; Rome, qui ſe fit une tactique de tous les ſyſtêmes des peuples dont elle triomphait, ne crut pas, en particulier, que l'ordonnance de la phalange fût ſupérieure à celle de ſes légions. La phalange

n'avait sa force de masse, que quand elle
restait phalange, ce qui lui arrivait rarement : en effet, il suffisait de l'attirer
dans un terrein peu uni, pour lui ôter
sa cohérence ; dans d'autres occasions,
un Général habile se laissait entamer ex-
près, & dans le premier désordre de la
poursuite, la phalange se rompant, l'ennemi faisait volte face, & pénétrait dans
les ouvertures : ajoutons que ce colosse
énorme, se remuant avec peine, ou s'em-
barrassant dans son propre mouvement,
ne peut empêcher un ennemi actif &
divisé en petits corps, de couper les
convois, de piller les bourgs, & de
dévaster les campagnes. Mais tous ces
défauts, à peine entrevus par les Grecs,
contemporains de Philippe & d'Alexandre, ne parurent, dans tout leur jour,
que quand la phalange de Persée fut
vaincue par Paul-Emile.

PHILIPPE

SE REND LA PUISSANCE DOMINANTE DE LA GRÈCE (a).

PHILIPPE se voyant affermi sur son trône, & ne trouvant plus d'aliment à l'activité de son génie, jetta les yeux autour de lui; il s'apperçut que la Grèce n'était plus que l'ombre d'elle-même; que Sparte & Athènes semblaient affaiſſées sous le poids de la guerre du Péloponèſe; que Thèbes, qui s'était élevée sur leurs ruines, n'avait

---

(a) *Diod. Sicul.* lib. 16, *Demoſth.* Philipp. Olynth. & de Falſ. Legat.; *Plutarch.* in Phocion. & in Apophtegm.; *Suidas* Lexicon; *Plin.* Hiſtor. Natur. lib. 7, cap. 37; *Demetrius Phaler.* de Elocut. cap. 3.

que l'exiftence éphémère qu'elle tenait des talens d'Epaminondas & de Pélopidas, & il réfolut d'affervir toutes ces Républiques, fier d'exécuter, avec fon génie, ce que n'avaient pu faire, avec leurs millions d'efclaves armés, les Xerxès & les Darius.

La phalange, imaginée par ce Prince, mettait d'abord un poids énorme dans la nouvelle balance qu'il méditait ; mais comme la force feule ne pouvait pas mettre le Péloponèfe à fes pieds, il fit marcher, avec elle, la corruption. On prétend que dès fon avènement au trône de Macédoine, lorfqu'il commençait à méditer fon vafte plan de domination, il alla confulter l'Oracle de Delphes, qui, pour ne pas compromettre fon talent prophétique, fe contenta de lui faire cette vague réponfe, propre à être adreffée à tous les Rois, dans un fiècle de corruption :

Sers toi d'un glaive d'or, tu vaincras l'univers.

L'adroit Conquérant fuivit le confeil : il

difait lui-même qu'il n'enfonçait jamais
une porte de ville, qu'il n'eût tâché auparavant de l'ouvrir avec une clef d'or, &
qu'aucune place ne lui paraiffait imprena-
ble, quand il pouvait y introduire un
mulet chargé de lingots : il avait des
penfionnaires dans le Sénat & parmi les
Orateurs de toutes les Républiques qu'il
voulait fubjuguer, & tel était l'excès de
la dépravation générale, que tandis que
ces ames mercenaires étalaient, avec fafte,
les fruits de leur trahifon, leurs concitoyens, s'ils ne leur avaient porté envie,
n'auraient jamais cherché a les en punir.

La guerre facrée dévoila à la Grèce
toute l'ambition de Philippe. Cette guerre,
née à l'occafion de quelques terres con-
facrées à Apollon, que des Phocéens,
plus hommes d'Etat que religieux, s'é-
taient avifés de labourer, mettait en fermentation tout le Péloponèfe. Les pro-
fanateurs du terrein facré avaient été dé-
clarés facriléges par les Amphyctions, &
les peuples, partagés dans cette fingulière

querelle, combattaient pour le Dieu ou pour les Phocéens, suivant qu'ils étaient conduits par des Prêtres ou par des Politiques. Philippe, dans ce mouvement général, resta d'abord neutre, afin de laisser les combattans s'affaiblir par leurs défaites & même par leurs victoires, & quand il vit la Grèce épuisée, levant tout-à-coup le masque, il descendit dans la Phocide, moins pour punir les ennemis d'Apollon, que pour humilier Sparte & Athènes, qui avaient pris parti contre l'Oracle.

L'intervalle même de sa neutralité, ne fut point inutile à son ambition ; dans son plan de dominer dans la Thrace il alla faire le siége de Méthone, la prit & la rasa jusqu'aux fondemens. C'est dans cette expédition que ce Prince perdit un œil ; l'anecdote connue dans toute l'antiquité, est plus vraie que vraisemblable. Un soldat d'Amphipolis, nommé Aster, s'était présenté à son service, alléguant sa grande dextérité à lancer des traits ; il prétendait atteindre l'oiseau le plus rapide dans son vol. *Eh bien*, lui dit Philippe, *je te donnerai de l'emploi, quand je ferai la guerre aux étourneaux.* Cette raillerie si froide & si indécente lui coûta cher. Aster s'enrôla sous les drapeaux des habitans de Méthone, écrivit sur le bois d'une flèche, *à l'œil droit de Philippe*, & l'ayant lancée, atteignit réellement son but. Le Roi, malgré la douleur de sa blessure, toujours de sang froid dans ses vengeances, fit écrire, devant lui, sur le revers de la flèche ensanglantée, *Philippe fera mourir Aster, s'il prend Méthone*, & la renvoya; en effet, la place ayant cédé à ses armes, le soldat trop adroit périt sur un échaffaut.

Pline fait entendre que la flèche d'Aster, qui sans doute était venu mourir dans l'œil de Philippe, n'y entra qu'à une légère profondeur : on l'en tira avec la plus grande adresse, de manière que l'orbite parut à peine endommagé, & si on ne put rendre au Roi son organe, on lui sauva du moins la difformité. Malgré cela, Philippe eut

toujours la petite faiblesse de s'irriter,
quand on prononçait, devant lui, le mot
de Cyclope, comme si une blessure reçue
par un Roi guerrier au siége d'une place,
n'était pas assez honorable, pour qu'il ne
dût pas en rougir. Il y avait bien plus de
grandeur d'ame dans l'héroïne de Sparte,
qui voyant son fils revenir boiteux d'une
bataille où il s'était distingué, lui dit :
*Console-toi, mon fils, tu ne peux faire un
pas, qui ne te rappelle ta valeur & ta gloire.*

Philippe, vainqueur de Méthone,
marcha en Thessalie, déclarant qu'il ne
voulait que délivrer ses peuples de la
tyrannie de Lycophron. C'est là qu'il prit
parti contre les Phocéens ; Onomarque,
leur chef, servait dans le pays comme
Généralissime des troupes du tyran ; Philippe le défit en bataille rangée, &, par
une atrocité qu'on ne voit, d'ordinaire,
que dans les guerres de religion, sous
prétexte que les Phocéens n'étaient que
des sacriléges, abusant de sa victoire il
fit précipiter dans la mer trois mille pri-

fonniers, & envoya Onomarque au fupplice.

Philippe, après cet exploit barbare,
tenta d'entrer dans la Phocide, mais on
lui ferma le défilé des Thermopyles ;
alors il retourna dans la Thrace, & vint
faire le fiége d'Olynthe : cette ville était
une ancienne Colonie d'Athènes, &, à
l'approche du danger, elle implora le
fecours de fa Métropole. Le Roi de Macédoine, dont l'ambition active ne s'ac-
commodait pas des lenteurs d'un blocus,
eut recours à fon ftratagême favori, pour
hâter fa conquête ; il éblouit, par fon
or, Euthycrate & Lafthène, deux Magif-
trats d'Olynthe, &, grace à leur perfidie,
il fe rendit maître de la place, qu'il abandonna au pillage.

Le lendemain du défaftre d'Olynthe,
Euthycrate & Lafthène fe montrèrent dans
les rangs des vainqueurs, comme pour
infulter au défefpoir de leurs concitoyens ;
mais le foldat Macédonien, à qui la loi
de la nature parlait plus haut que la poli-

tique de ſes deſpotes , les accabla d'outrages : ceux-ci s'en plaignirent à Philippe ,
qui ne les ſatisfit que par cette ironie
ſanglante : » Mes guerriers vous ont ap-
» pellés perfides ; mais il ne faut pas s'en
» offenſer : ce ſont des eſpèces de ſau-
» vages, qui, dans leur franchiſe groſſière,
» appellent chaque choſe par ſon nom «.

Philippe, après la priſe d'Olynthe, ſe
joua de la Grèce conſternée, en célébrant
les Jeux Olympiques avec la plus grande
magnificence ; les Comédiens de toutes
les villes du Péloponèſe s'y rendirent,
pour faire aſſaut de talens, & ils reçurent
preſque tous de l'or & des couronnes.
Un ſeul, nommé Satyrus, qui jouait avec
diſtinction les premiers rôles, ſe tenait à
l'écart, & craignait de fatiguer la bien-
faiſance du Roi de Macédoine ; la Cour
du Monarque gardait le ſilence de la
ſurpriſe : » Je n'ai beſoin, dit Satyrus,
» ni de l'or ni de la gloire ; il eſt un autre
» prix que mon ame ambitionne. —
» Parle , s'écrie Philippe, je promets de

» remplir tous tes defirs. — Seigneur,
» votre générofité m'enhardit : je poffédais,
» à Pydna, l'ami de mon cœur, & je le
» vis affaffiner ; fes filles, alors au ber-
» ceau, furent transférées dans Olynthe,
» & le fac de cette ville les a mifes en
» votre pouvoir. Daignez les confier à
» ma tendreffe ; je les doterai, je les
» marierai, & ma dette envers la mé-
» moire de mon ami, fera acquitée «. —
Philippe eut honte de n'être pas auffi
généreux qu'un Comédien, & il fit remettre les orphelines entre les mains de
Satyrus, quoique leur père fût convaincu
d'avoir mis à mort Alexandre II, un des
Princes qui l'avait précédé au trône de
Macédoine.

Cependant Philippe ne s'endormait pas
fur fes lauriers ; il fait une paix fimulée
avec Athènes, & tandis qu'on croit l'épée
du Conquérant rentrée dans le fourreau,
il s'empare du défilé des Thermopyles, &
paraît tout-à-coup dans la Phocide. L'adroit
brigand ne manqua pas de couvrir la

profondeur de fes defseins, du voile im-
pofant de la religion ; il s'annonça comme
le vengeur d'Apollon , & voulut, à cet
effet, que le laurier confacré à ce Dieu ,
couvrît la tête des foldats qu'il menait
dans les champs de bataille. Cet appareil
remplit de terreur les Phocéens, & ils fe
livrèrent à la difcrétion de Philippe , qui
nomma, pour arbitre fuprême de leur
deftinée, le Confeil des Amphyctions.

Philippe, à la tête d'une armée triomphante , devait, dans une pareille caufe,
donner la loi aux Juges, comme il l'avait
donnée aux accufés : auffi ce fut lui qui
dicta la fentence ; les Amphyctions , inf-
trumens ferviles de fes vengeances politiques, ordonnèrent que les villes de la
Phocide feraient renverfées ; qu'on ne
fouffrirait, dans toute la contrée, que
des bourgs de foixante feux ; que la race
des facriléges ferait à jamais profcrite , &
que le refte des habitans ne ferait toléré,
dans le pays , qu'en payant un tribut
annuel, jufqu'à la reftitution des fommes

enlevées dans le temple de Delphes. Philippe ne s'oublia pas dans le partage des dépouilles ; il se fit accorder , à la place des Phocéens , le droit de séance au Conseil des Amphyctions.

Le Roi de Macédoine , maître des Thermopyles & de la Phocide , avait la clef du Péloponèse ; mais son plan de Monarchie universelle n'ayant pas encore acquis toute sa maturité , il retourna sur ses pas , & revint faire des conquêtes dans la Thrace : trente-deux villes de cette contrée avaient déja passé sous son joug , avant la prise d'Olynthe , il y joignit la Chersonnèse ; ensuite , tournant tout-à-coup du côté de l'Eubée , il prit quelques places fortes de cette isle , les démantela , & y établit des tyrans particuliers , qui , sous prétexte de veiller à la conservation des priviléges du pays , ne furent que les Vice-Rois de la Macédoine.

Philippe , dont les conquêtes ne servaient que d'aliment à sa vaste ambition , tenta , à cette époque , d'achever d'asservir

toute la Thrace , & fit , à-la-fois , le
fiége de Périnthe & de Byzance , deux de
fes métropoles; la prife de ces deux places
allait affamer Athènes , qui tirait , des
plaines adjacentes , le bled néceffaire pour
fa fubfiftance : alors cette ville fortit un
moment de fa léthargie , grace à Démofthène & à Phocion , qu'il eft important de faire connaître plus particulièrement , à caufe du grand rôle qu'ils vont
jouer dans la décadence des Républiques
du Péloponèfe.

COMMENCEMENS

DE

DÉMOSTHÈNE (a).

Démosthène, l'Orateur d'Athènes, & peut-être l'Orateur par excellence, car l'homme d'État n'est éloquent que dans une ville libre, naquit deux ans avant Philippe de Macédoine : son père était un Directeur de forges que son commerce avait enrichi ; il le perdit à l'âge de sept ans, & il en hérita de quatorze talens, un peu plus de 75,833 livres ; mais son

---

(a) *Plutarch* in Demosth. ; *Aulu-Gell.* Noct. Attic. lib. 3 ; *Cicer.* de Orat. lib. 1, & in Bruto ; *Qintil.* Instit. Orat lib. 10, 11 & 12 ; *Lucian* in Encom. Demosth. & Adv. indoct ; *Demosth.* Orat. Passim.

éducation n'en fut pas mieux cultivée,
soit à cause de la délicatesse de sa santé,
qui se refusait à une étude soutenue, soit
à cause de l'avarice sordide de ses tuteurs,
qui n'agréaient ses maîtres, que quand ils
travaillaient sans honoraires. Parvenu à
l'âge où, quand on veut être quelque
chose dans sa patrie, on se crée soi-
même, il alla étudier les principes de
l'éloquence, sous l'Orateur Isée, dont la
grande réputation n'était contrebalancée
que par celle d'Isocrate; il se forma encore
plus à l'art Oratoire par la lecture de
Platon : car il y a, dans les œuvres de ce
beau génie, de quoi former à-la-fois des
Poètes, des Orateurs & des Philosophes.

Le grand succès de Callistrate dans le
procès de Chabrias, donna la dernière
impulsion au génie de Démosthène : le
Général Athénien était accusé d'avoir
trahi les intérêts de sa patrie, en faveur
des Thébains. L'Orateur qui dévoila
cette intrigue, employa de si beaux
mouvemens dans son plaidoyer, qu'au

fortir du barreau , il fut reconduit en pompe chez lui, au milieu d'une foule de citoyens illuftres qui le comblaient d'éloges ; Démofthène n'avait alors que feize ans , il fentit éclore en lui une ame nouvelle, à la vue du triomphe de Callif-trate.

Le premier effai qu'il fit de fon éloquence , fut contre fes tuteurs, qui avaient envahi en grande partie fon héritage , & qui furent obligés de le reftituer. Ce fuccès enhardit le jeune Orateur, qui fe crut appellé aux grandes chofes ; il faifit une circonftance favorable , & fe hafarda à parler devant le peuple : malheureufement le grand jour de la place publique éclaira des défauts , qui pouvaient être cachés par l'obfcurité du barreau. Démofthène déclama très - mal fon difcours , & fut fifflé de tout fon auditoire.

Il s'en retournait confterné , lorfqu'un homme de goût, qui entrevit, dans cet effai , quoique mal accueilli , des traits de génie , lui dit de ne pas fe décourager,

& lui prédit que s'il cultivait son talent, il deviendrait l'égal de Périclès : l'enthousiasme de Démosthène se réveilla, il parla une seconde fois devant le peuple ; mais comme il n'avait rien fait pour corriger en lui les vices de la nature, il fut sifflé une seconde fois.

Démosthène était perdu, pour Athènes & pour les siècles, sans Satyrus. Ce Comédien, que nous venons de voir donner une leçon de vertu à Philippe de Macédoine, était l'ami du jeune Orateur ; il alla le trouver pour le consoler, & le pria de lui déclamer un monologue d'Euripide : celui-ci le fit à l'instant. Satyrus répéta ce morceau après lui, & mit tant d'ame & de goût dans son débit, que personne ne reconnut le monologue. Ce conseil en action, fut un trait de lumière pour Démosthène.

Il est certain que la nature n'avait rien fait pour l'Orateur d'Athènes : il avait l'haleine si courte, qu'il ne pouvait prononcer, sans s'interrompre, une période toute entière ; il lui était resté, de son enfance, une sorte de bégaiement, qui l'empêchait d'exprimer certaines lettres de l'alphabet, entr'autres la consonne qui commence le nom de cette rhétorique, dont il attendait sa célébrité.

Il n'y a point de vrai obstacle pour le génie. Nous avons vu, sur la Scène Française, un Acteur, né avec une figure ignoble, une voix sépulcrale, une ame qui semblait toute entière dans ses poumons, nous l'avons vu, dis-je, dompter cette nature marâtre à force de génie, s'élever au niveau de Corneille, par le sublime de son jeu, & rendre vraisemblables les merveilles dont l'antiquité fait honneur à la Pantomime des Pâris & des Bathylle.

Démosthène, l'élève du Comédien Satyrus, fut, peut-être, le modèle de Lekain : on dit que pour vaincre son bégaiement, l'Orateur d'Athènes mettait dans sa bouche de petits cailloux, qui rompaient l'aspérité de sa prononciation ;

il augmentait la force de son haleine,
en déclamant le long des rochers, qu'il
gravissait avec effort; quelquefois il se
promenait au bord de la mer, & tandis
que les flots, amoncelés par la tempête, se brisaient, avec fracas, contre le
rivage, il prononçait, avec feu, les péro-
raisons de ses harangues, afin de s'apprivoiser au tumulte & aux clameurs de la
multitude.

Le geste qui, chez tous les peuples
doués d'une imagination vive, constitue
une des branches de l'éloquence, ne fut
point négligé par Démosthène; il avait,
dans son cabinet d'étude, un grand mi-
roir, qui l'avertissait de ses défauts, avec
plus de vérité, qu'un critique jaloux, ou
un ami adulateur : comme il avait con-
tracté, au sortir du barreau, le défaut de
hausser les épaules, quand il était animé,
pour se réformer, il suspendait, au dessus
de lui, une pique tournée vers la pointe,
afin que si, dans la chaleur de son débit,
le mouvement qu'il appréhendait venait

à lui échapper, il fût averti, par la douleur, du retour de sa mauvaise habitude.

Nous avons vu, dans les ruines de la ville de Périclès, les restes d'une tour de marbre, soutenue par six colonnes d'ordre Corynthien, qu'on connaît dans le pays, sous le nom de lanterne de Démosthène; ce monument, à en croire l'inscription de l'architrave, fut élevé originairement pour y établir des concerts de déclamation, & le nom de l'Orateur d'Athènes ne lui resta, que parce que ce grand homme s'y renferma long-tems, pour s'exercer, en silence, à la pantomime & à tout le méchanisme de l'art Oratoire : une tradition veut même que Démosthène, pour s'imposer la loi pénible de cette retraite, se coupa, en y entrant, la moitié de la barbe. La gravure représente cet édifice restitué, suivant les principes de l'architecture (a).

____

(a) On peut mettre cette gravure en regard avec les ruines du même monument, dessinées à la page 90 du tome VI de cet Ouvrage.

LANTERNE DE DEMOSTHÈNE RESTITUÉE

Enfin, Démosthène, vainqueur de lui-
même, parut digne de lutter avec les
Isée, les Eschine & les Isocrate; il n'avait
que vingt-huit ans, quand il monta
pour la première fois, à la tribune aux
harangues; il s'agissait de rassurer Athènes
allarmée, par les préparatifs de guerre
que faisait Artaxerxe, & il mania cette
question délicate, avec toute la supériorité
du génie : il pressentait, dès-lors, les
suites de la vaste ambition de Philippe,
& loin d'aigrir le Roi des Rois, par
l'appareil d'une défense audacieuse, il
songeait déja à prévenir l'esclavage de la
Grèce, en armant la Perse contre la Macédoine.

L'évènement montra que Démosthène
était meilleur politique, que tous les
hommes d'Etat qui régissaient Athènes,
Thèbes ou Lacédémone ; aussi il ne laissa
échapper aucune occasion de démasquer
le fourbe heureux, qui menaçait la liberté
publique ; le conquérant veut-il s'emparer
du défilé des Termopyles ? conduit-il son

armée fous les murs d'Olynthe ? forme-
t-il le fiége de Périnthe & de Byzance ?
l'Orateur fait tonner contre lui fon éloquence républicaine ; par-tout il le pour-
fuit, il le montre étayant à-la-fois fon
machiavélifme dangereux, de fon or & de
fon épée, & il n'a pas tenu à ce grand
homme, qu'il n'y eût ni bataille de Chéronée, ni conquêtes d'Alexandre.

Ce qui rendait l'éloquence de Démofthène fi entraînante, c'étaient les
beaux mouvemens qu'on rencontrait fi
fouvent dans fes harangues ; tout le
monde connaît celui de la première
Philippique.

» Ne vous imaginez pas, ô Athéniens !
» que ce Philippe, dont la grandeur vous
» écrafe, jouiffe d'un bonheur inalté-
» rable, à l'exemple des immortels ; il
» eft, dans cette Grèce qu'il opprime,
» des peuples qui regardent fa puiffance
» d'un œil jaloux, d'autres qui le haïffent,
» à caufe de fa politique fanguinaire ;
» ceux mêmes qu'on voit à fes pieds, par

» la

» la terreur qu'il inspire, secoueraient
» leurs chaînes, s'ils ne vous voyaient pas
» partager leur inertie.

  » Levez les yeux, & voyez avec quelle
» audace, l'insolence de ce Roi de Ma-
» cédoine se joue de notre faiblesse. Il
» cesse de nous laisser le choix de la
» guerre ou de la paix; fier de ses pre-
» mières conquêtes, il ne renferme plus,
» dans l'ombre, les secrets de sa politi-
» que; il marche ouvertement à la tyran-
» nie; tandis, qu'assis nonchalamment
» auprès de vos foyers, vous délibérez
» sur les barrières qu'on peut lui opposer,
» le conquérant superbe s'avance à la tête
» de sa phalange, il intercepte votre
» commerce, il vous enferme de toutes
» parts. Qu'attendez-vous pour déchirer
» le bandeau qui fascine vos yeux? est-ce
» d'y être contraints par la loi terrible de
» la nécessité? Mais quelle nécessité plus
» pressante, pour des hommes libres, que
» de se dérober à l'ignominie?

  » Voulez-vous donc toujours vous

,, montrer dans les places publiques, de-
,, mandant, avec une indifférence or-
,, gueilleufe, ce qu'il y a de nouveau?
,, Eh! qu'y a-t-il de plus nouveau, qu'un
,, Macédonien qui corrompt Athènes, &
,, qui affervit la Grèce! — Philippe eft-il
,, mort, dit un de vos politiques? non il
,, n'eft que malade. — Eh! que vous
,, importe qu'il meure ou qu'il vive? s'il
,, n'était plus, vous vous feriez bientôt
,, un autre Philippe, qui devrait fes ac-
,, croiffemens, non à fa force, mais à
,, votre indolence ".

C'eft avec de pareils traits qu'on fub-
jugue fa Nation, à Athènes, à Rome, à
Londres, & dans tous les Etats où il eft
permis à l'éloquence de fe déployer en
faveur de la patrie ; malheureufement
Demade, Efchine & les autres Orateurs
aux gages de Philippe, avaient l'adreffe
de laiffer épuifer, en vaines chicanes,
le premier moment de l'enthoufiafme,
& quand on venait à délibérer, Démofthène ne trouvait plus, dans fes froids

auditeurs, qu'une eſtime ſtérile pour ſes talens, ſans le moindre élan de patriotiſme.

Il y avait déja long-tems que Démoſthène était la terreur de Philippe, quand Athènes le choiſit pour un des dix Ambaſſadeurs qu'elle envoyait en Macédoine, afin d'y négocier la paix. Lorſqu'on fut d'accord de part & d'autre ſur les préliminaires, l'Orateur s'occupa du rachat des priſonniers, & conſeilla à ſes collègues de s'embarquer à l'inſtant, ſuivant les vœux de la République, pour aller trouver Philippe par-tout où il ſerait, lui faire ratifier le traité, & épargner par-là une effuſion inutile de ſang humain. Mais le conquérant avait corrompu tous ces vils Plénipotentiaires; au lieu de voler dans la Thrace, que l'adroit Monarque ſubjuguait, à cette époque, ils marchèrent à pas d'Ambaſſadeurs, traversèrent, par terre, la Macédoine preſqu'entière, & pendant les trois mois que dura ce voyage faſtueux, ils donnèrent le tems à Phi lippe de s'emparer de plusieurs places qui dépendaient d'Athènes. Ce crime de haute trahison resta impuni, parce que les coupables étaient plus puissans que leurs Juges, & les bons politiques jugèrent, à la faiblesse du Gouvernement, que l'Etat gangréné, marchait à grands pas vers sa décadence.

Pour Démosthène, de retour dans sa patrie, il continua à en être le bouclier, contre les violences de Philippe. L'or de ce Monarque n'avait pu séduire sa grande ame, & ses menaces ne purent l'intimider ; malheureusement, à cette époque, Athènes dégradée, ne pouvait opposer, comme du tems des Thémistocle, une confédération de grands hommes, à la puissance de ses ennemis ; elle ne comptait, dans ses remparts, que deux vrais citoyens dignes de la servir, l'un par son génie, & l'autre par son épée. Nous avons parlé de l'Orateur, il est tems de faire paraître le Guerrier sur la scène.

HISTOIRE

DE

PHOCION (a).

PHOCION, sans naissance, comme la plupart des héros de sa République, se créa lui-même, & n'en est que plus digne de nos hommages : il fut, dans sa jeunesse, le disciple de Platon, & c'est à l'école de ce beau génie, qu'il puisa cette austérité de mœurs & cette vertu magnanime, qui firent depuis la base de son caractère. L'austérité philosophique qu'il adopta à l'Académie, le conduisit à quelques singularités qu'on est fâché de trouver

____

(a) *Plutarch.* in Phocion, *Diod. Sicul.* lib. 16 ; *Demosth.* in Orat. de Coron.

dans ce grand homme ; jamais Athénien, dit-on , ne le vit ni rire ni pleurer ; il marchait toujours nuds pieds & fans manteau , à moins qu'il ne fît un froid excessif ; aussi , quand ses soldats le voyaient vêtu comme eux , ils se disaient , en riant, *voilà notre Général habillé ; c'est signe d'un grand hiver.*

Phocion apprit les élémens de l'art militaire sous Chabrias , & il commandait l'aîle gauche de la flotte de cet Amiral , à la bataille de Naxos, qui les couvrit tous deux d'une gloire immortelle.

Peu de jours après cette victoire, Chabrias proposa à Phocion de parcourir l'Archipel , pour recevoir les tributs des peuples qui relevaient d'Athènes, & il lui offrit vingt vaisseaux pour cette expédition. ” Si tu m'envoies contre les ennemis ” de l'Etat, lui dit l'illustre Athénien , ” vingt vaisseaux ne me suffisent pas ; si ” tu m'envoies à des alliés, un seul m'est ” nécessaire “. — Il n'accepta, en effet, que la galère qu'il montait , & ayant entrepris fa négociation fans fafte, il ne l'exécuta pas fans gloire, puifqu'il remplit, avec l'or des alliés, le tréfor de fa République.

Athènes, dès qu'une fois le génie de Phocion lui fut connu, l'employa dans toutes les circonftances critiques où elle parut fe trouver. Aucun héros, depuis Théfée, ne commanda plus fouvent fes armées : c'était un fait reconnu de toute l'antiquité, qu'il avait été élu Général quarante-cinq fois, &, ce qui eft bien plus admirable encore, c'eft qu'il ne brigua pas une feule le commandement ; ce fut toujours en fon abfence qu'on le mit à la tête des forces de la République.

Phocion, au refte, était bien plus fait pour fe rendre digne des faveurs de fa patrie, que pour les folliciter ; jamais il ne fortit de fa bouche un mot adulateur ; il ne parlait au peuple affemblé, que pour le faire rougir de fes travers ; il était fi perfuadé que dans tout état qui fe dégrade, le fuffrage du grand nombre ne doit être compté pour rien, qu'un jour qu'il opinait dans la place publique, son avis ayant passé avec des applaudissemens universels, humilié de cette unanimité, *mes amis,* dit il aux citoyens qui l'entouraient, *ne me serait-il point échappé, par megarde, quelque sottise ?*

On est fâché de voir que deux hommes faits pour s'estimer, tels que Phocion & Démosthène, ayent vécu dans une forte de mésintelligence, née sans doute d'une rivalité de gloire : le Guerrier & l'Orateur, quand ils se trouvaient ensemble aux assemblées nationales, n'étaient jamais du même avis, & il en résultait quelquefois des querelles qui ne faisaient honneur ni au vaincu ni au vainqueur ; un jour Démosthène, blessé de la longue contradiction qu'il éprouvait, *Phocion, lui dit-il, ne crains-tu pas que les Athéniens ne te fassent mourir, s'ils retombent dans les accès de leur jalouse fureur ? — Et toi,* répond le Sage, *tremble qu'ils ne te fassent mourir, s'ils recouvrent leur raison.*

Phocion jouiſſait de la plus haute conſi-
dération, non-ſeulement à Athènes, mais
encore dans le reſte de la Grèce, & ſa
renommée était appuyée ſur des faits; on
ſavait qu'il cherchait des victoires qui ne
coûtâſſent ni du ſang à ſes concitoyens,
ni de l'or à ſes alliés; s'il paraiſſait une
flotte Athénienne dans les mers de l'Archipel, & qu'un autre Amiral que Phocion la commandât, les villes maritimes,
effrayées d'un armement qui menaçait
leur indépendance, fortifiaient leurs remparts, comblaient leurs ports, & retiraient,
des campagnes, leurs troupeaux, leurs
femmes & leurs eſclaves. Mais quand
Phocion était à la tête de la flotte, les
peuples venaient, couronnés de fleurs, à
ſon débarquement, lui ouvraient les portes
de leur ville, & le faiſaient le dépoſitaire
de leur liberté, avec une confiance qui
ne les honorait pas moins que ce grand
homme.

La première fois que Phocion put ſe
meſurer avec Philippe, c'eſt lorſque le

conquérant voulut donner dés loix aux Infulaires de l'Eubée ; le héros d'Athènes remporta une victoire fur les Macédoniens, & chaffa d'Erétrie un tyran qui l'opprimait. Cet exploit fit refpirer un moment le Péloponèfe.

Philippe, étonné de trouver un rival, parut abandonner fes prétentions fur l'Eubée, & porta le foyer de la guerre fur les côtes de l'Hellefpont ; il entreprit, à-la-fois, le fiége de Périnthe & celui de Byzance ; Phocion accourut avec une flotte que fon nom feul rendait formidable, fit lever, au Roi de Macédoine, le fiége de ces deux villes, & acheva de lui ôter le titre d'invincible, qu'il tenait de l'adulation de fon peuple, & de la faibleffe des autres.

La reconnaiffance des deux villes Grecques, pour un fervice auffi fignalé, éclata par un décret que Démofthène nous a confervé. » Byzance & Périnthe étaient » déja unis avec Athènes d'alliance & » d'origine : cette concorde a fur-tout » éclaté, lorfque Philippe de Macé-

» doine, armé pour la conquête de
» l'Hellespont, battait les murs des deux
» villes chargées de veiller à l'indépen-
» dance de cette mer, & dévastait ses
» campagnes ; c'est alors qu'Athènes a
» envoyé, au secours de ces colonies in-
» fortunées, une flotte de cent vingt
» voiles, chargée de soldats & de vivres,
» qu'elle a éloigné d'elles un ennemi op-
» presseur, & qu'elle les a rétablies dans
» la possession paisible de leur gouverne-
» ment, de leurs loix & de leurs tom-
» beaux. En mémoire d'un tel service,
» Byzance & Périnthe accordent, à tout
» Athénien qui viendra habiter dans leurs
» villes, outre l'exemption des impôts,
» le droit de citoyen, le privilége de
» siéger, soit au Sénat, soit dans les
» assemblées du peuple, à côté des Pon-
» tifes, & une place distinguée à leurs
» spectacles ; il a été statué, par le même
» décret, qu'on érigerait, sur le port, un
» groupe de trois statues de seize cou-
» dées chacune, qui représenterait le peu-

» ple bienfaiteur, couronné par les deux
» peuples qui lui offrent cet hommage,
» & que ce couronnement ferait proclamé
» aux quatre grands Jeux de la Grèce, afin
» d'éternifer à la fois le bienfait & la
» reconnaiſſance «.

On eſt étonné de ne point trouver dans
ce décret, le nom du ſeul homme qui
devait en donner l'idée, le nom de Phocion ; un oubli auſſi étrange ne peut s'expliquer, qu'en ſuppoſant qu'il fut exigé
par ce grand homme, auſſi empreſſé à ſe
dérober à ſa gloire, qu'à la mériter.

Phocion, malgré ſes ſuccès, était trop
bon politique, pour ne pas prévoir que
le génie de Philippe triompherait à la
longue de la réſiſtance de la Grèce ; auſſi
il conſeillait ſans ceſſe à ſa patrie, de faire
plutôt une paix peu honorable, que de
continuer une guerre qui amènerait ſa
ruine. Cet avis ne pouvait être goûté,
dans un tems où l'éloquence de Démoſthène faiſait fermenter toutes les têtes ;
un de ces prétendus hommes d'Etat, qui

n'ont d'autres talens, pour cacher leur nullité, que d'être toujours de l'avis du plus grand nombre, lui reprocha un jour, dans la place publique, de parler de paix, quand ſes concitoyens avaient déja les armes en main pour combattre.» J'en fais » gloire, lui répondit Phocion, quoique » je ſache très-bien que ſi la guerre ſe » déclare, je te commanderai, & que ſi » on fait la paix, c'eſt toi qui me com- » manderas «.

La guerre s'alluma, & contre l'attente générale des bons citoyens, Phocion ne commanda pas ; auſſi Athènes fut vaincue, & avec elle la Grèce entière : mais ce n'eſt pas ici le lieu de nous étendre ſur cette fameuſe bataille de Chéronée, qui amena, peu-à-peu, le quart du globe ſous le joug de la Macédoine.

Philippe mourut enfin, & Athènes, qui n'avait pas ſu le vaincre, ſe livra à une joie effrénée, en apprenant qu'il n'é-tait plus : » où eſt donc votre grandeur » d'ame, diſait Phocion à ſes concitoyens?

» nos ancêtres ont-ils tant triomphé de la
» mort des Xerxès & des Mardonius ?
» d'ailleurs, fongez que l'armée qui vous
» a défaits à Chéronée, n'eft affaiblie que
» d'un feul homme «.

Phocion, dont la philofophie ferme &
éclairée, ne fe pliait point aux circonftances, perfifta, fous le règne d'Alexandre, à confeiller aux Républiques du Péloponèfe, de vivre en paix avec le conquérant. Lors de la prife & de l'incendie
de Thèbes, le héros de la Macédoine
ayant demandé aux Athéniens qu'ils lui
livrâffent Démofthène, Hypéride & tous
les Orateurs de la faction qui lui était
oppofée, le Sage, confulté par tous les
ordres de l'Etat, fit avancer, dans la
place publique, Nicoclès, avec qui il vivait dans la plus parfaite intimité. » Vous
» voyez, dit-il, l'ami de mon cœur ; eh
» bien, fi Alexandre vous le demandait,
» tout innocent qu'il eft, aux yeux même
» du conquérant, je ferais d'avis qu'il lui
» fût livré : moi-même j'affronterais avec

» joie la mort fur les échaffauts de Ma-
» cédoine, fi, à ce prix, je pouvais vous
» fauver tous : c'eft bien affez que la
» Grèce pleure l'incendie de Thèbes,
» fans qu'elle ait encore à gémir fur la
» ruine d'Athènes «.

Alexandre fut gré à ce grand homme
d'avoir cherché à lui concilier les efprits,
que Démofthène ne s'appliquait qu'à aigrir ; à fa confidération , il appéfantit
moins le joug qu'il impofait à la Grèce,
& , ce qui aurait été un crime à Phocion,
dans le tems où fa patrie favait être libre,
devenait un fervice, lorfqu'il ne lui reftait plus de force, que pour fe choifir un
maître.

Dans la fuite, le Roi de Macédoine
ayant vu Phocion de près , redoubla
d'eftime pour lui, & généreux à la manière
des defpotes, lui envoya en pur don,
une fomme de cent talens (un peu plus
de 54),666 livres de notre monnaie). *Je
m'étonne ,* dit l'illuftre Athénien aux Envoyés, *pourquoi votre maître me choifit*

moi seul, parmi un si grand nombre de Grecs,
à qui sa gloire est chère, pour m'envoyer
de tels présens. —— C'est qu'il vous regarde
comme le plus homme de bien. —— Si cela
est, qu'il me laisse donc jouir de toute ma
renommée.

Les Envoyés d'Alexandre ne laissèrent
pas de suivre Phocion dans sa maison, &
le tableau qu'ils virent, leur donna une
idée de la simplicité vertueuse de l'âge
d'or; c'était la femme de ce grand homme,
qui pétrissait, de ses mains, le pain de sa
maison ; c'était Phocion lui-même, qui
se croyant seul, & sans affecter le faste
de la pauvreté, allait puiser de l'eau dans
un puits, pour aider au ménage. Les
Macédoniens virent que l'homme qui
vivait ainsi, était inaccessible à la soif de
l'or, & ils vinrent rapporter les cent
talens à Alexandre, montrant ainsi, dit
le bon Plutarque, que le moyen d'être
plus riche que le bienfaiteur le plus généreux, était de n'avoir besoin de rien.

Long-tems après, le conquérant de

l'Afie étant à Babylone, au milieu de fa gloire, fe fouvint de Phocion, & commanda à Cratère de lui offrir, en fouveraineté, une ville de l'Afie mineure, fur quatre dont il lui laiffa le choix. L'ordre portait qu'un refus le bleiferait bien plus que celui des cent talens ; cependant l'illuftre Athénien refufa. Alexandre mourut, avant que Cratère lui eût fait paffer la réponfe.

On s'apperçoit que la férie des faits nous a déja entraînés, bien loin au-delà du règne de Philippe de Macédoine ; mais Phocion qui a pouffé fa carrière jufques fous les fucceffeurs d'Alexandre, eft un perfonnage fi important, qu'il mérite qu'on intervertiffe, pour lui, l'ordre chronologique ; il vaut mieux le deffiner une feule fois, fous toutes fes faces, que de couper l'intérêt qu'il fait naître, en multipliant les tableaux.

Lorfque le bruit de la mort d'Alexandre parvint à Athènes, il y excita une grande rumeur. Le peuple courut en foule à la place publique, & les Orateurs, fuivant l'intérêt particulier qui les guidait, difcutaient la vérité de cette nouvelle : *Non, difait* Demade, dans fon ftyle oriental, *Alexandre vit encore; s'il était mort, la terre entière aurait déja fenti l'odeur de fon cadavre.* Cependant la multitude penchait à croire un évènement qu'elle defirait, & comme des enfans qui fortent d'une longue tutelle, les politiques de la ville formaient déja des plans chimériques de grandeur. Phocion, plus fage, s'occupait à tenir en bride les efprits : *Ne précipitez rien,* s'écriait-il, *ô mes amis! fi Alexandre eft mort aujourd'hui, il le fera encore demain, il le fera encore après, & nous aurons tout le tems de travailler à la gloire de la patrie, fans compromettre fa fûreté.*

Nous avons pu obferver que les grands hommes du fiècle de Miltiade, agiffaient beaucoup & parlaient peu ; au contraire, ceux du fiècle d'Alexandre, réduits à une forte d'inertie, par ce conquérant célèbre, dont la grandeur écrafait toutes les re-

nommées, agiffent peu & parlent beaucoup. Heureufement que les mots d'un
perfonnage tel que Phocion, font affez
heureux, pour fuppléer au vuide des faits,
dans le dernier âge de la Grèce.

Phocion, que fa philofophie douce
portait toujours à la paix, s'indignait de
ce que Léofthène engageait la République
dans une guerre qui devait la ruiner fans
gloire, *eh quel bien*, difait le factieux, *a
donc fait à la ville ce Phocion, pendant
tant d'années qu'il l'a maintenue en paix,
quoique Général de fes armées ? — Et ne
comptes-tu pas pour un bien*, répondit le
Sage, *que tous les citoyens qui font morts
dans cet intervalle, ont été enfevelis dans
le tombeau de leurs ancêtres ?*

Ce Léofthène, qui n'avait qu'une éloquence faftueufe & point de vues patrio-
tiques, haranguait, dans une autre occafion, le peuple, avec un fuccès que, dans
des tems plus heureux, il ne devait pas
attendre. *Jeune homme, lui dit Phocion,
tes difcours reffemblent aux cyprès, ils*

s'élèvent avec orgueil, mais ils ne portent point de fruits.

Ordinairement un mot de Phocion ramenait le peuple à la raison, tant était grande l'influence de sa vertu sur tout ce qui l'environnait ! & voilà ce qui rend ces mots si précieux pour l'histoire, c'est qu'avec eux il gouvernait sa République.

Lors de la guerre qu'Athènes déclara aux Béotiens, sous les successeurs d'Alexandre, Phocion, toujours inébranlable dans ses principes, cherchait à concilier les intérêts des deux Puissances, & quoique le plan de la campagne fût déja arrêté, il soutenait son opinion avec une vigueur qui blessait la vanité nationale. Ses amis lui représentèrent qu'Athènes ne changerait pas, & que si les têtes venaient à fermenter, la mort pourrait être le prix de sa résistance. *Ma vie est entre les mains de ma patrie,* répondit ce grand homme : *elle peut me faire mourir, quelqu'opinion que j'embrasse : mon supplice sera un crime pour elle, si mes conseils ne tendent qu'à sa gloire, & un acte de vertu, si je prévarique pour la flatter.*

Phocion ne pouvait être suspect à ses concitoyens, quand il était auprès d'eux, un ministre de paix : il avait donné cent fois des preuves de la plus haute valeur, lorsqu'il s'était agi de les défendre : à l'âge même de quatre-vingts ans, quand il vit Micion à la tête des Macédoniens & des Barbares dévaster l'Attique, il chargea, d'une épée, sa main défaillante, & vint réprimer ses brigandages. Au moment où l'armée Athénienne se rangeait en bataille, un soldat présomptueux fort de son rang, & se présente entre les deux armées, pour défier l'ennemi ; un Macédonien s'avance à l'instant afin de le combattre, & l'Athénien, qui n'avait que le courage de la vanité, se retire, en tremblant, & regagne sa troupe. *Jeune homme,* lui dit Phocion, *ne rougis-tu pas d'avoir quitté deux postes en un jour ? l'un que ton Général t'avait confié, & l'autre où te plaçait l'amour de la gloire ?* Enfuite, fans attendre fa réponfe, il donne le fignal du combat, renverfe tout ce qui fe préfente devant fa cohorte d'élite, tue Micion, & remporte la plus complette des victoires.

Phocion, le dieu tutélaire de fa patrie, & un des derniers héros de la Grèce, n'était pas deftiné à mourir dans fon lit. Polyfperchon, tuteur du fils d'Alexandre, qui voulait fe rendre maître d'Athènes, y fomenta fourdement une intrigue, dont ce grand homme fut la victime. On le dépofa, de fa place de Général, dans une affemblée tumultueufe, &, accufé de haute trahifon, il fe réfugia auprès de Polyfperchon, dont il ne fe défiait pas, & qui, l'ayant fait arrêter, ordonna qu'on le conduisît à Athènes, pour y être jugé, en dernier reffort, par la faction qui l'avait dépofé.

Ce vénérable vieillard fut traîné, avec ignominie, ainfi que quelques hommes vertueux, qui s'honoraient du nom de fes complices, jufqu'au Théâtre, où les

Archontes convoquèrent le peuple : on n'exclut de l'assemblée ni les étrangers, ni les esclaves, ni les citoyens notés d'infamie. D'abord Clitus, qui représentait le Roi de Macédoine, & qui avait amené les prisonniers, lut les lettres de son Souverain, où il était marqué que les accusés étaient atteints & convaincus de haute trahison, mais qu'Athènes étant une République indépendante, c'était à elle à les juger. Le peuple crédule, qui se crut libre, parce que ses maîtres le lui disaient, applaudit à Clitus, &, pour faire usage de sa prétendue liberté, il se disposa à le servir dans ses fureurs.

Le tumulte des acclamations étant cessé, on présenta les accusés au peuple : à la vue de Phocion, le petit nombre de gens de bien que la faction Macédonienne n'avait pu encore corrompre, baisse la vue, & se couvrant la tête, verse des larmes en abondance : un vieillard, enhardi par le spectacle de cette consternation, demande qu'on fasse sortir de l'assemblée les étrangers & les esclaves; mais la populace, à une réclamation si sage, oppose des cris de fureur, & propose qu'on lapide, comme ennemi de l'Etat, ce partisan de l'oligarchie. Aucun de ces hommes de bien n'eut le courage de braver la mort, pour épargner un crime à la patrie, & Phocion abandonné, n'eut plus que sa vertu pour le défendre.

Cependant, le tumulte croissait sans cesse, & les Archontes eux-mêmes ne pouvaient obtenir silence. Phocion, dans un moment d'intervalle, où les flots populaires étaient moins émus, élève sa voix: *Athéniens*, dit-il, *comment voulez-vous nous faire mourir? Est-ce justement ou injustement?* Un des factieux, qui n'était pas scélérat par système, déclara que c'était justement; *eh bien*, ajoute ce grand homme, *ne nous condamnez donc pas, sans nous entendre.* A ce mot, il s'éleva un murmure d'indignation, &

Phocion vit bien qu'il ne lui reſtait plus qu'à écouter ſa ſentence.

Suivant la légiſlation d'Athènes, un accuſé devait déclarer, avant le jugement, de quelle peine il ſe croyait digne. Le nouveau Socrate ſe condamna lui-même à la mort. Mais il employa l'éloquence la plus touchante pour ſauver les infortunés qui partageaient ſa diſgrace. *Pourquoi les faire mourir ?* diſait-il, *de quel crime ſont-ils coupables envers la patrie ?* —*Ils ſont tes amis,* s'écria le peuple; alors Phocion pleura ſur eux, & garda le ſilence.

Les accuſés retirés, le peuple donna ſon ſuffrage en tumulte, & ils furent tous condamnés à mort : des ſcélérats, que la vertu de Phocion importunait depuis un demi-ſiècle, demandèrent que ce vieillard vénérable fût appliqué à la torture, avant de ſubir ſon jugement ; comme cette idée horrible n'excitait aucun murmure, déja on donnait des ordres pour faire venir l'Exécuteur avec ſa roue & les inſtrumens des grands supplices, lorsque Clitus lui-même, quoique l'organe de la tyrannie Macédonienne , parut improuver cet acte de barbarie , & il n'eut point d'effet.

Le peuple s'étant séparé , les prisonniers furent menés dans la prison : tous les citoyens pour qui la patrie & la vertu n'étaient pas de vains fantômes , servaient de cortége à Phocion. Les uns perçaient la foule des gardes pour l'embrasser , les autres tournaient leurs regards sur les temples , & pleuraient sur les Dieux impuissans , qui n'osaient le défendre ; pour le grand homme , il marchait la tête levée , & avec la même assurance , que lorsqu'à la tête de ses soldats , il allait défier l'ennemi sur les champs de bataille ; ses ennemis , qui virent cet espèce de triomphe , eurent la lâcheté de le troubler ; ils tentèrent d'étouffer les acclamations publiques , en chargeant leur victime d'injures & d'anathêmes ; un d'eux , plus agguerri à toutes les bassesses de la vengeance , s'ouvre un passage au travers de la foule ,

& se plaçant devant Phocion, lui crache au visage : le héros se retourne froidement vers les Magistrats, en leur disant *cet homme vous manque*, & continue son entretien avec ses amis, sans que le moindre nuage troublât sa sérénité.

On arrive enfin à la prison, & le satellite des Onze s'occupe à broyer la ciguë. Thudippe, un des accusés, homme sans caractère, & dont la vie obscure ne méritait pas d'être illustrée par une si belle mort, s'abandonne à la douleur, & regrette amèrement de terminer si-tôt sa carrière ; *eh mon ami*, lui dit le Sage, *n'est-ce pas une grande consolation pour un homme tel que toi, de mourir avec Phocion ?*

Nicoclès, l'ami le plus tendre du grand homme, lorsque la coupe de ciguë fut préparée, se jetta dans ses bras, & le conjura de lui permettre de boire le breuvage fatal avant lui. » Ce que tu » me demandes, lui dit Phocion, dé- » chire mon cœur sensible : mais enfin,

» je ne t'ai jamais rien refufé ; prends
» cette coupe — je faurai mourir deux
» fois «.

Quand le plus grand nombre des accufés eut fubi fon fupplice, il fe trouva
qu'on n'avait pas affez broyé de ciguë,
& qu'en particulier il n'en reftait plus
pour Phocion ; l'Exécuteur dit, alors,
qu'il n'irait point chercher du poifon,
à moins qu'on ne le payât ; & il demanda douze drachmes (huit livres
treize fols) ; c'était le prix fixé pour
chaque dofe : comme Phocion n'avait
pas une feule pièce de monnaie, &
qu'il ne pouvait vaincre la réfiftance
de l'Exécuteur, il appella un de fes
amis, qui était refté dans le veftibule
de la prifon : *Il eft bien étrange*, lui
dit-il en fouriant, *qu'on ne puiffe mourir
gratis dans Athènes*, & il le pria de
donner les douze drachmes ; alors on
refit une nouvelle coupe de ciguë.

Quand l'inftant funefte fut arrivé,
cet ami demanda, en pleurant, à

Phocion, s'il avait quelque chofe à mander à fon fils : *oui , fans doute , répondit*
le grand homme, *c'eft de ne jamais fe*
fouvenir de l'injuftice d'Athènes. Il but
enfuite le poifon d'un feul trait, enve-
loppa fa tête de fon manteau, & mourut.

La vengeance des ennemis de Phocion
ne fut point affouvie par fa mort ; pour
qu'il ne mancuât rien à leur triomphe,
ils firent ordonner, par le peuple, que
fon cadavre ferait tranfporté hors du
territoire de la République , & qu'il
ferait défendu à tout Athénien de
donner du feu pour honorer d'un bûcher fes funérailles. On inhuma les
reftes de ce héros fur les terres de
Mégare : une femme de cette ville ,
qui ne le connaiffait que par fon ancienne renommée , lui éleva un céno-
taphe , & mettant, dans une robe précieufe, dont elle fe trouvait ce jour-là
revêtue, les os échappés à la flamme du
bûcher, elle les porta, la nuit, dans fa
maifon , & les enterra fous fon foyer,

en lui adreſſant ces paroles touchantes : *Foyer cher & ſacré , je dépoſe , dans ton ſein , ces reſtes précieux d'un homme de bien : conſerve-les , pour les rendre un jour au tombeau de ſ.s ancêtres , quand il ſera vengé des Athéniens , par leurs remords.*

Phocion avait été marié deux fois, & jamais la naiſſance ou la richeſſe n'avaient été les motifs de ſon choix : plus heureux que Socrate , avec qui il a , d'ailleurs, tant de rapport, ſoit par ſa philoſophie, ſoit par ſon ſupplice, il avait trouvé la paix & la concorde dans ſa maiſon : une de ſes femmes , ſur-tout, devint, dans la Grèce, un modèle de tendreſſe conjugale. Un jour que l'épouſe d'un Satrape étalait à ſes yeux, avec faſte, ſes bijoux, ſes pierreries & ſes braſſelets, *pouvoir,* dit l'héroïne, *toute ma parure eſt Phocion, qui, depuis vingt ans, commande les armées de ſa République.*

Athènes ne tarda pas à ouvrir les yeux ſur ſon horrible ingratitude envers le dernier de ſes grands hommes : elle lui éleva une ſtatue de bronze, & condamna à mort ſes trois accuſateurs ; deux d'entr'eux ſe ſauvèrent, & furent poignardés par le fils de Phocion ; l'autre ſubit ſon ſupplice.

MANIFESTE DE PHILIPPE

D E

MACÉDOINE (*a*).

Pendant que Phocion triomphait de Philippe, les armes à la main, Philippe, à son tour, triomphait de Phocion par la politique : ce Prince, dans son plan de subjuguer le Péloponèse, avait besoin de colorer sa vaste ambition, pour ne point armer contre lui les Puissances Grecques, que dans le moment il n'attaquait

______

(*a*) Il se trouve, d'ordinaire, dans les éditions Grecques de Démosthène, à la suite des Philippiques. L'Abbé Auger nous en a donné une traduction, dont le mérite est reconnu, &, qui se trouvant postérieure à la nôtre, nous a servi du moins à la rectifier.

pas, & il y réuſſit, en travaillant lui-
même à un manifeſte ; cet ouvrage,
écrit dans le ſtyle qui convient à des
têtes couronnées, eſt adreſſé à la République d'Athènes. Cette forme était encore un piége de Philippe ; car, comme
il avait dans cette ville un grand nombre
d'Orateurs à ſes gages, il ſavait bien que
ces ames mercenaires feraient valoir ſon
manifeſte ; ce qui entraînerait des divi-
ſions inteſtines, pendant leſquelles il
commencerait, avec ſûreté, ſes conquêtes : il eſt hors de doute qu'on envoya
en même-tems des copies de cet écrit
inſidieux, à toutes les Puiſſances de l'Archipel & du Péloponèſe.

Le manifeſte de Philippe mérite d'être
conſervé dans une Hiſtoire des Hommes,
parce qu'il développe, avec la plus grande
ſagacité, les cauſes des diſſenſions entre
le peuple conquérant & les peuples ſub-
jugués, & qu'on ne ſaurait trop diſſiper
tous les nuages, que les ſiècles ont élevés,
ſur une guerre mémorable, qui a amené

la bataille de Chéronée & les conquêtes
d'Alexandre.

Ce manifeste est d'autant plus important, qu'il est à-la-fois fort de faits &
de raisonnemens. Démosthène, quand
les Archontes en eurent ordonné une
lecture publique, monta à la tribune aux
harangues, pour le réfuter. C'est l'objet de
sa dernière Philippique. Mais l'Orateur ne
détruisit aucun fait, n'affaiblit aucun raisonnement : il n'y a rien de plus vague
que son discours, qui ne se soutient qu'à
la faveur de cette éloquence de mots,
avec laquelle l'homme adroit subjugue
la multitude.

Voici ce manifeste, dont nous ne re-
trancherons que les détails étrangers, qui
gêneraient la marche rapide de l'Histoire.

„ Puisque mes Ambassadeurs, chargés
„ si souvent de vous rappeller la foi de
„ nos traités, n'ont eu de vous, ô Athé-
„ niens, que des réponses vagues, je vous
„ écris moi - même, pour vous exposer
„ mes griefs, & justifier la guerre où

 » vous me forcés, par votre defpotifme
» & vos violences.

» D'abord mon héraut d'armes a été
» enlevé dans mes propres Etats, & loin
» de punir, en vertu du droit des gens,
» les auteurs de cet attentat, vous l'avez
» confacré, en retenant mon Miniftre de
» paix dans les chaînes, pendant dix mois,
» & en faifant lire fes dépêches dans vos
» affemblées nationales (a).

» Vous avez fouffert que les Infulaires
» de Thafe recélâffent dans leurs ports les
» galères des Byzantins & d'autres bri-
» gands qui venaient s'y réfugier. Ce qui

(a) Ce héraut d'armes s'appellait Nicias ; les
Athéniens feignirent qu'il était un efpion, afin
d'avoir occafion d'intercepter les dépêches dont
on l'avait chargé, & de dévoiler par-là tout le
machiavélifme de Philippe. Parmi les lettres,
on en trouva une adreffée à Olympias, époufe
de ce Prince. Les Archontes, par un refte de
pudeur, la renvoyèrent à fon adreffe, fans la
décacheter.

» eſt une infraction manifeſte de nos trai-
» tés contre les Pirates.

» Vers le même - tems , Diopithe
» (Commandant de vos colonies dans la
» Thrace) fit une irruption dans mes
» Etats , réduiſit en ſervitude les habitans
» de Crobyle & de Tiriſtaſe (*a*) , dévaſta
» leurs campagnes , & porta la violence
» juſqu'à faire arrêter Amphiloque , mon
» Ambaſſadeur , chargé de traiter du
» rachat des priſonniers ; l'infortuné ne
» put même rompre ſes fers , qu'en don-
» nant neuf talens pour ſa rançon (*b*).

» Comment avez-vous fermé les yeux

(*a*) On ignore la poſition de l'ancienne Crobyle : pour Tiriſtaſe , on ſuppoſe qu'elle ſe
trouvait dans la partie de la Cherſonnèſe de
Thrace , qui dépendait de la Macédoine.

(*b*) On croit que Diopithe avait exécuté toutes
ces violences , ſans les ordres de ſa République :
de vrais citoyens voulurent même lui faire ſon
procès , mais Démoſthène eut la faibleſſe d'en-
treprendre ſa défenſe , & Athènes , celle de
donner gain de cauſe à Démoſthène.

» fur les attentats de Diopithe ? il n'y a
» point de peuple civilifé, qui ne regarde
» comme facrée, la perfonne d'un Am-
» baffadeur. Vous-même, vous avez, au-
» trefois, fait gloire d'adopter ces prin-
» cipes. Lorfque les Mégariens maffacrè-
» rent Anthémocrite, un Miniftre de
» paix forti de vos remparts, vos ancêtres
» furent fi indignés d'un tel attentat, qu'ils
» exclurent de l'initiation aux myftères
» de Cérès, le peuple qui s'en était
» fouillé, & qu'ils élevèrent une ftatue,
» pour éternifer la mémoire de leur jufte
» indignation. Si c'eft un crime d'outrager
» des Ambaffadeurs, comment vous en
» êtes-vous rendus coupables envers moi :
» fi c'eft une action innocente, comment
» avez-vous vengé, fur Mégare entière,
» le meurtre d'Anthémocrite ?

» Callias, un de vos Généraux, s'eft
» emparé de toutes les villes (de la Thef-
» falie) fituées le long du golfe de Pagafe,
» quoique mes alliées & comprifes dans
» mon traité de paix avec votre Répu-

» blique ; il a même ofé arrêter, comme
» ennemis de la Grèce, & vendre en
» qualité d'efclaves, les citoyens de ces
» villes, qui faifaient voile vers la Ma-
» cédoine. De pareilles violences lui atti-
» raient des éloges dans vos décrets.

» Pour couronner tant d'injuftices,
» vous députez aujourd'hui au Roi de
» Perfe, pour l'engager à me déclarer la
» guerre. Je fuis Grec cependant, & (de-
» puis l'invafion de Darius) on a toujours
» regardé comme une lâche perfidie,
» d'armer les Barbares contre les Grecs.
» C'eft d'une pareille perfidie, que vos
» ancêtres, plus généreux, ont puni,
» dit on, les enfans de Pififtrate.

» Vous m'enjoignez, dans vos décrets,
» de rendre le trône de la Thrace à
» Térès & à Cerfoblepte, fous prétexte
» qu'ils font Athéniens : cependant, je
» fais que ces Princes n'ont rien de com-
» mun avec vous par l'origine ; l'un a
» combattu fous mes drapeaux contre
» vous ; l'autre, dont vos Généraux fe

» défiaient, a été déclaré, par eux, en-
» nemi d'Athènes. Par quelle étrange
» politique, des Barbares se trouvent ils
» vos ennemis, quand votre intérêt le
» demande, & vos concitoyens, quand
» il vous plaît de me calomnier ?

» Vous avez donné le titre d'Athénien
» à Evagoras de Chypre, à Denys de
» Syracuse ; persuadez donc aux Princes
» qui les ont dépossédés, de leur rendre
» leurs couronnes : alors je rendrai les
» provinces de Thrace, où régnaient Térès
» & Cersoblepte.

» Au reste, je déclare que dans mon
» invasion en Thrace, je n'ai eu en vue
» que de secourir les Cardiens, mes alliés
» de tems immémorial ; il ne tenait qu'à
» vous de la prévenir, en choisissant des
» médiateurs, comme je vous en avais
» tant de fois sollicité.

» L'affaire des Insulaires de Péparè-
» the (a) n'est pas moins odieuse pour

(a) Petit écueil de la mer Egée, situé auprès
de celui d'Halonèse.

» vous ; ils se plaignaient de ma juste
» sévérité, & vous enjoignîtes à votre
» Général de venger leurs injures. Cepen-
» dant je les avais traités originairement,
» avec une indulgence dont ils étaient
» indignes. Ils s'étaient emparés de l'Ha-
» lonèse au sein de la paix, quoique cette
» isle m'appartînt, l'ayant enlevée moi-
» même à Sostrate, qui infestait la mer
» Egée de ses brigandages. Assurément
» ce n'était ni Péparèthe ni Athènes que
» j'avais dépouillées de leur souveraineté.
» Si vous dites que vous en aviez nommé
» Sostrate Vice-Roi, c'est avouer que
» vous êtes les protecteurs des pirates ; si
» c'est malgré vous que ce brigand l'a
» envahie, quel tort vous ai-je fait en y
» mettant garnison, & en assurant par-là
» l'indépendance des mers du Pélopo-
» nèse ?

   » Cependant, par égard pour votre
» République, qui avait possédé l'Halo-
» nèse avant Sostrate, je me proposais
» de vous rétablir dans sa souveraineté ;

» mais vos Orateurs ne vous permirent
» pas de recevoir, comme préfent, ce
» qu'ils exigeaient comme reftitution.
» Pour terminer nos démêlés, je deman-
» dai un arbitre, qui eût un plein pou-
» voir pour nous juger ; vous éludâtes
» ma propofition, & dans l'intervalle,
» les Infulaires de Péparèthe fe font em-
» parés de l'Halonèfe : que devais-je faire
» alors ? refter le fpectateur tranquille de
» leurs brigandages ? non, fans doute.
» Ils s'annonçaient, dans cette invafion,
» comme vos vengeurs, mais ce n'était
» qu'en vertu d'un fophifme. Car fi l'ifle
» leur appartenait, pourquoi la répéter,
» comme faifant partie de vos domaines,
» & fi elle vous appartenait, pourquoi ne
» pas l'enlever aux brigands foudoyés par
» Softrate ?

» Votre reffentiment, dans une pareille
» querelle, venait d'une autre caufe ; vous
» étiez vivement bleffés de ce que j'en-
» voyais une flotte dans l'Hellefpont, &
» de ce que, pour la garantir d'infulte,

» je faifais filer des troupes le long des
» côtes de la Cherfonèfe. Cependant je
» n'étais armé que pour me défendre, en
» cas d'attaque : vos colonies auparavant,
» en vertu d'un décret de Polycrate, con-
» firmé par vos fuffrages, s'étaient per-
» mifes, contre moi, toutes fortes d'hof-
» tilités ; votre Général avait foulevé
» Byzance, & annoncé à toute la Grèce,
» qu'il n'attendait qu'un léger prétexte,
» pour me déclarer la guerre. Pour moi,
» ferme dans mes principes de paix, je
» défendis à mes Amiraux de s'emparer
» de vos navires, & de dévafter vos do-
» maines ; j'aimais mieux attendre ma
» deftinée de la décifion d'un arbitre,
» que d'être juge dans ma propre caufe.

» Cependant des députés, choifis dans
» tout le corps de la confédération Grec-
» que, étaient partis de la Macédoine,
» afin d'être témoins des arrangemens
» que je prenais, pour la paix du Pélo-
» ponèfe ; vous ne daignâtes pas feule-
» ment les entendre ; mes plans de paci-

» fication ne tendaient , en effet , qu'à
» l'intérêt des peuples , & non à celui de
» vos Orateurs. La paix , & ces prétendus
» politiques en conviennent eux-mêmes ,
» est pour eux une guerre , & la guerre
» une paix ; ne sont-ils pas toujours sou-
» doyés par vos Généraux , soit qu'ils les
» soutiennent , soit qu'ils les accusent ?
» d'ailleurs , les invectives dont ils char-
» gent , dans la tribune , vos citoyens les
» plus accrédités , & les étrangers les plus
» célèbres , ne désignent-elles pas à leurs
» yeux , leur dévouement pour la patrie ?
» Il me serait aisé , sans doute , en sou-
» doyant la plume vénale de ces Orateurs,
» d'arrêter le cours de leurs injures , ou
» même de les convertir en éloges ; mais
» j'aurais trop à rougir , d'acheter , à prix
» d'argent , l'amitié de votre République.

» Ces Orateurs portent l'audace , jus-
» qu'à me contester la souveraineté d'Am-
» phipolis : cependant , si la conquête est
» un droit , cette ville m'appartient , en
» vertu de l'heureux succès des armes

» d'Alexandre, un de mes prédécesseurs.
» Ce Prince s'en empara avec gloire, &
» j'en atteste la statue d'or qu'il fit ériger
» à Delphes, comme un monument de
» sa victoire sur les Perses (a).

» Si les villes appartiennent de droit
» aux derniers Guerriers qui en font la
» conquête, je reclame encore, à ce titre,
» Amphipolis. Je l'ai reprise sur une
» colonie Lacédémonienne, qui vous en
» avait chassés.

» En général, nous ne sommes maîtres
» des villes que par droit de succession,
» ou par droit de conquête, & vous,
» vous revendiquez Amphipolis, dont
» vous n'avez pas été originairement les
» Souverains, que vous n'avez point con-

(a) Il y a des Historiens qui prétendent qu'à
cette époque Amphipolis n'existait pas encore,
& que l'Alexandre dont il s'agit, n'a jamais eu
de guerre avec la Perse, & dans ce cas, je serais
bien moins étonné encore de la mauvaise foi de
Philippe, que du silence de Démosthène.

» quife, & qu'actuellement vous ne pof-
» fédez pas. Mes droits ont été vérifiés à
» la paix, & les conditions du traité,
» m'ont affuré, & cette place & votre
» alliance. Y a-t-il donc une poffeffion
» plus légitime, que celle d'une ville que
» je tiens de mes ancêtres, dont la voie
» des armes m'a fait une feconde fois le
» Souverain, & que vous-mêmes m'avez
» affuré par des traités folemnels?

» Tels font mes griefs. Vous feuls êtes
» les aggreffeurs, & puifque j'ai pour moi
» la juftice, je faurai, en préfence des
» Dieux qui protégent ma caufe, repouffer
» l'injure, & défendre les priviléges de
» ma couronne «.

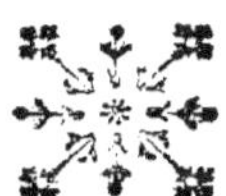

BATAILLE DE CHÉRONÉE (*a*).

LE Manifeſte de Philippe, fut regardé, par Démoſthène, comme une vraie déclaration de guerre, & on ſongea, dans Athènes, non à le réfuter, mais à ſe défendre. L'Orateur célèbre ſe rendit à Thèbes, &, malgré l'Ambaſſadeur Macédonien, conclut une ligue entre les deux Républiques; les autres villes s'armèrent en même-tems, pour ne point ſubir la loi du vainqueur. Jamais on n'avait vu de fermentation pareille dans la Grèce, depuis la guerre du Péloponèſe.

Philippe vit l'orage qui ſe préparait contre lui, avec ce courage qui preſſent

(*a*) *Diod. Sicul.* lib. 16; *Plutarch.* in Demoſth. & in vitâ decem orat. *Demoſth.* orat. pro Coron.; *Polyen*, Stratag. lib. 4.

qu'on en triomphera ; avant les premières hostilités, il s'était ménagé une entrée dans le Péloponèse, par une suite de négociations adroites, qu'on peut regarder comme le chef d'œuvre de sa politique; la haîne même de Démosthène y fut trompée, ce qui montre, dirai-je la supériorité du génie de ce Prince, dirai-je la dextérité de son Machiavélisme?

Philippe n'avait que deux moyens pour pénétrer dans le Péloponèse, d'y faire une descente par mer, ou d'y entrer par terre, en se saisissant du défilé des Thermopyles. La première voie n'était pas praticable, parce qu'à cette époque, ses forces maritimes étaient très-inférieures à celles des confédérés ; quant à la route par les Thermopyles, on ne pouvait y songer, tant qu'elle serait gardée, les armes à la main, par les peuples qui habitent le défilé ; Philippe substitua la ruse à la force, & triompha ainsi de tous les obstacles.

Il n'est point inutile de suivre, jusqu'à

fon dernier anneau, la chaîne des intri-
gues de ce Monarque. Il y avait, entre
l'Etolie & la Phocide, une contrée, ayant
Amphife pour capitale, qui était au pouvoir d'une colonie de Locriens; des émiffaires de Philippe, (car il en avait dans
toute la Grèce) engagèrent quelques citoyens d'Amphife à cultiver une terre en
friche, connue fous le nom de campagne
de Cyrha, & qui était voifine du temple
de Delphes. Cette culture, dans les principes de la fuperftition facerdotale, était
évidemment un facrilége.

A peine la campagne de Cyrha com-
mençait-elle à s'ouvrir à la végétation,
que d'autres émiffaires du Roi de Macédoine, crièrent à la profanation ; ils prouvèrent que le terrain cultivé par les citoyens d'Amphife, par la raifon qu'il
était en friche de tems immémorial,
appartenait évidemment au Dieu de Delphes, & la caufe fut portée au tribunal
des Amphyctions.

Philippe continua à ourdir, du fond

de la Macédoine, cette trame, dont lui
seul connaissait tous les fils. Comme il
voulait dicter lui même le jugement des
Amphyctions, il fit couler l'or dans toutes les villes où il avait des pensionnaires,
&, par ce moyen, la plupart des Députés,
devenus Membres du tribunal, furent à
sa disposition ; l'Orateur Eschine, qui
représentait la République d'Athènes,
fut, de tous ces mercenaires, celui qui
trahit, avec le plus de succès, les intérêts
de la Grèce ; il fit ordonner une descente
dans la campagne de Cyrha, bien sûr que
les Locriens d'Amphise s'y opposeraient,
ce qui amènerait une nouvelle guerre
sacrée ; en effet, aussi-tôt que les Com-
missaires parurent, des bataillons, placés
sur les limites, fondirent sur eux, les
accablèrent d'une grêle de traits, & c'est
ainsi que le sacrilége, tant desiré par
Philippe, fut consommé.

Eschine & les Orateurs aux gages de la
Macédoine, dénouèrent cette comédie
sacrée, en proposant au tribunal des

Amphyctions, denommer Philippe Général de l'armée deſtinée à punir les coupables
d'Amphiſe : ce qui fut exécuté preſqu'unanimement. C'eſt ainſi que le nouveau
Xerxès s'ouvrit, mais ſans répandre de
ſang, le paſſage des Thermopyles.

L'armée Macédonienne, une fois dans
le Péloponèſe, s'occupa très peu, comme
on s'en doute bien, de la querelle d'A-
pollon & de ſes Prêtres Après une marche
feinte du côté de la plaine de Cyrha, elle
tourna tout-à-coup vers la ville d'Elatée,
une des métropoles de la Phocide, & en
fit la conquête.

La priſe d'Elatée deſſilla les yeux des
Grecs. Thèbes, que cette place tenait en
bride, & Athènes, qui n'était couverte
que par les Thébains, contre les entre-
priſes du conquérant, réunirent leurs
forces. Philippe, qui ne cherchait qu'à
gagner du tems, pour affermir ſon empire dans la Phocide, envoya des Ambaſſadeurs aux confédérés, pour les engager à vivre avec lui en bonne intelli-

gence ; en même-tems il corrompit la
Prêtresse de Delphes, qui effraya, par les
oracles les plus finistres, les peuples qui
troubleraient la paix du Péloponèfe. Mais
ce dernier stratagême n'eut aucun fuccès ;
le règne des Oracles était paffé : *la Pythie
Philippife*, difait Démosthène & ce mot
plaifant, répété de bouche en bouche,
faifait plus de tort à Philippe, chez un
peuple léger, que le patriotifme mâle &
vigoureux de fes harangues.

Enfin les deux armées fe mirent en
campagne ; celle du Roi de Macédoine,
un peu fupérieure à celle des confédérés,
montait à trente mille hommes de pied
& deux mille chevaux ; la valeur était
égale de part & d'autre dans les troupes,
mais le génie des chefs ne l'était pas :
Phocion, le feul héros de la Grèce digne
de fe mefurer avec Philippe, exclus du
commandement par la faction de Démosthène, languiffait obfcurément dans
les remparts de fa patrie ; à fa place, on
avait nommés, pour Généraux, Charès

& Lyficlès , hommes décriés , qui ne
fuppléaient, que par la préfomption , à
l'abfence des talens militaires. Cette
faute décida de la deftinée du Péloponèfe.

Les armées fe trouvèrent en préfence
fous les murs de Chéronée, ville de la
Béotie. Philippe fe chargea de diriger les
manœuvres de fon aîle droite, oppofée
aux Athéniens , & il donna le commandement de l'aîle gauche , placée en face
des Thébains , à Alexandre fon fils , à
peine forti de l'adolefcence , mais dont
le génie prématuré , annonçait déja le
mouvement nouveau qu'il devait un jour
imprimer à l'univers.

La mêlée commença au lever du foleil.
Elle fut auffi fanglante qu'on devait l'attendre de la part des Athéniens & des
Thébains , qui étaient alors les premiers
peuples du monde, & de celle des Macédoniens , qui allaient le devenir. Ce
fut Alexandre qui fixa le premier la victoire incertaine ; il enfonça , après la réfif-

tance la plus vigoureufe, le bataillon facré, avec lequel Epaminondas & Pélopidas avaient gagné autrefois les batailles
de Leuctres & de Mantinée ; les Thébains furent tous entraînés dans la déroute.

Philippe avait d'abord été moins heureux à l'aîle droite Lyficlès avait mis le
défordre dans les premiers rangs des Macédoniens, & fe croyant déja vainqueur,
il s'écriait : *courage, amis, pourfuivons ces
foldats fugitifs, jufqu'au centre de la Macédoine.* L'ardeur de la pourfuite égara bientôt ce Général préfomptueux, il négligea
de prendre en flanc le phalange Macédonienne, ce qui aurait rendu inutile le
triomphe d'Alexandre , & cette faute
entraîna la perte de la bataille.

Philippe s'apperçut bientôt de l'inexpé-
rience de Lyficlès. *Athènes ne fait pas
vaincre,* dit-il froidement à fes Généraux,
& à l'inftant, faifant replier fa phalange
fur une petite éminence , il va fondre fur
les cohortes débandées qui pourfuivaient

ſes Macédoniens, les prend en queue &
en flanc, & les met en déroute.

Il reſta, ſur la place, du côté des Athéniens, mille hommes, & on en fit deux
mille priſonniers, parmi leſquels ſe trouva
le fameux Orateur Demade. Le déſaſtre
des Thébains fut encore plus terrible, en
ce que le bataillon ſacré, l'élite de leurs
guerriers, fut tellement mis en pièces,
qu'il n'en reſta pas un ſeul homme. Nous
avons vu, dans l'hiſtoire d'Epaminondas,
que ce bataillon ſacré, juſqu'alors invincible, n'était compoſé que d'amans. Les
Grecs déſignaient ainſi des jeunes gens,
l'eſpérance de leur patrie, qui réuniſſaient
l'enthouſiaſme de l'amitié à celui de la
gloire : quand Philippe vit ces trois cents
héros de Thèbes ſur le champ de bataille,
tous étendus les uns à côté des autres, &
tous percés par devant de longues javelines, il reſta un moment immobile d'admiration, & comme de vils courtiſans
qui l'entouraient, oſaient envenimer le
mot d'amans, qui ſervait à les déſigner,

périffent, dit-il, *ceux qui ofent foupçonner que de fi braves gens ayent jamais pu manquer à la vertu !*

Philippe démentit bientôt tant de grandeur d'ame. Au fortir d'un feftin qu'il donna à fes Généraux, la tête encore pleine des fumées du vin, il vint fur le champ de bataille, infulta aux morts dont il était jonché, par une cruelle ironie, & mit lui-même en chant le commencement d'un décret de Démofthène contre lui. Les hommes de guerre qui l'entouraient, gémiffaient de le voir ainfi deshonorer fa victoire, mais ils gardaient le filence. L'Athénien Demade, toujours républicain dans le cœur, quoique prifonnier, *Seigneur,* lui dit-il, *il ne tiendrait qu'à vous de jouer le rôle d'Agamemnon : pourquoi prendre celui de Therfite ?* Ce mot rempli d'une liberté généreufe, fit rentrer Philippe en lui-même, & il ceffa de mettre au rang de fes trophées, la froide parodie d'un décret de Démofthène.

Au refte (car l'hiftoire ne doit que la

vérité même aux grands hommes) ce Démosthène, dont nous avons vu la mâle éloquence retarder l'esclavage de la Grèce, ne soutint point, à la bataille de Chéronée, l'idée qu'on avait de son courage ; il prit la fuite des premiers, & jetta même ses armes : on ajoute que tout entier à sa terreur, sa robe, pendant qu'il courait, s'étant accrochée à un chardon, il se crut arrêté par un ennemi, & qu'il tomba à genoux, pour lui demander la vie. Si cette anecdote n'a pas été envenimée, par Eschine & les autres rivaux de la gloire de Démosthène, il faut plaindre cet homme célèbre, de n'avoir pas eu, avec le génie, l'ame de Socrate.

Isocrate, bien plus républicain que Démosthène, apprenant l'opprobre dont sa patrie venait de se couvrir à la bataille de Chéronée, ne voulut pas y survivre, & se laissa mourir de faim. Cet Orateur avait alors quatre-vingts-dix-huit ans, ce qui affaiblit un peu le grand sacrifice qu'il croyait faire par son suicide.

La bataille de Chéronée fut un coup mortel porté à la gloire d'Athènes & à son indépendance ; il n'eſt point inutile d'entendre, ſur ce ſujet, un Philoſophe qui a mérité d'être le Légiſlateur de l'Europe & dont l'envie, depuis vingt ans, ne cherche à troubler la cendre, que parce qu'elle déſeſpère d'atteindre jamais à ſon immortalité

„ Athènes (a) eut dans ſon ſein les
„ mêmes forces, pendant qu'elle domina
„ avec tant de gloire, & pendant qu'elle
„ ſervit avec tant d'ignominie. Elle avait
„ vingt mille citoyens, lorſqu'elle dé-
„ fendit les Grecs contre les Perſes,
„ qu'elle diſputa l'empire à Lacédémone,
„ & qu'elle attaqua la Sicile. Elle en avait
„ auſſi vingt mille, long-tems après,
„ lorſque Démétrius de Phalère les dé-
„ nombra, comme dans un marché l'on
„ compte des eſclaves ; quand Philippe

____

(a) *Eſprit des Loix*, liv. 3, chap. 3.

» ofa dominer dans la Grèce, quand il
» parut aux portes d'Athènes, elle n'avait
» encore perdu que le tems. On peut
» voir, dans Démofthène, quelle peine
» il fallut pour la réveiller ; on y craignait
» Philippe, non pas comme l'ennemi de
» la liberté, mais comme celui des plaifirs.
» Cette ville, qui avait réfifté à tant de
» défaites, qu'on avait vu renaître après
» fes deftructions, fut vaincue à Chéro-
» née, & le fut pour toujours. Qu'im-
» porte qu'après fon triomphe Philippe
» renvoie tous les prifonniers ? il ne ren-
» voie pas des hommes. Il était toujours
» auffi aifé de triompher des forces d'A-
» thènes, qu'il était difficile de triompher
» de fa vertu «.

SUITES DE LA VICTOIRE

DE

PHILIPPE.

Procès de Démosthène

et d'Eschine.

Démosthène, si petit sur les champs de bataille, de retour dans Athènes, parut dans la tribune plus grand que jamais ; il releva le courage de ses concitoyens abattus, se fit charger du soin de fournir la ville de vivres, ainsi que de réparer ses murailles, y consacra lui-même une partie de son patrimoine, & répondit si bien, dans ce nouveau poste, à l'attente de sa patrie, qu'elle lui décerna une couronne d'or, pour éterniser se reconnaissance.

Cependant l'envie, quoique cachée dans l'ombre, tenait toujours ses serpens prêts à siffler. Quand Athènes, par la réparation de ses murs, se vit un peu plus tranquille sur les suites de sa défaite, les Orateurs citèrent en justice Démosthène, pour avoir appellé, par ses harangues incendiaires, Philippe dans le Péloponèse ; mais le peuple n'épousa point les querelles d'une lâche rivalité ; non seulement il renvoya ce grand homme absous, mais lorsque les restes des guerriers tués à Chéronée furent rapportés dans l'Attique, afin d'y recevoir les honneurs de la sépulture, c'est lui qu'il choisit pour prononcer leur oraison funèbre. Démosthène y déploya tout son génie (*a*) ; du moins

____

(*a*) Il est plus que probable que ce grand morceau d'éloquence s'est perdu : le discours qu'on voit dans l'édition Grecque de Démosthène, sous le titre d'*Eloge de ceux qui furent tués à Chéronée*, est si faible & si lâche, que Libanius & les meilleurs critiques le croient

on peut en juger ainſi, par le trait admirable que Longin nous a conſervé. » Non » Athéniens, non, vous n'avez point » failli, en vous préſentant dans ies plaines » de Chéronée : j'en jure par ces grands » hommes qui ont combattu ſur terre à » Platée & à Marathon , & ſur mer, » devant Salamine & Artémiſe : j en jure » par les mânes, non des guerriers qui » ont vainu, mais de ceux qui, cou- » verts de bleſſures honorables, ont reçu » de la République, les honneurs de la » ſépulture (*a*) ».

ſuppoſé. La perte de la vraie oraiſon funèbre nous eſt d'autant plus ſenſible, que nos Lecteurs auraient pu la mettre en regard, avec le fameux diſcours de Péricles , prononcé dans une circonſtance entièrement ſemblable , & dont on peut lire les morceaux les plus pathétiques à la page 101 du tome VI de cette Hiſtoire de la Grece.

(a) *Traité du ſublime* , chap. 14 ; ce beau morceau ſe trouve auſſi répété dans la harangue de Démoſthene *ſur la Couronne.*

Cette belle oraison funèbre, influa, sans doute, beaucoup, sur le jugement qui intervint quelque-tems après, dans la cause mémorable de la couronne, & où Démosthène fut vainqueur. Eschine, blessé de l'hommage public rendu à la vertu de son rival, cita en justice le citoyen qui avait proposé le décret, soit parce qu'il avait violé, par les formes, les loix de la patrie, soit parce qu'il l'avait trompée, en vantant le zele & la fidélité de Démosthène. L'accusation fut intentée l'année même de la bataille de Chéronée; mais la cause ne fut plaidée que près de huit ans après, la troisième année de la cent douzième Olympiade, lorsqu'Alexandre était déja le maître de l'Asie. Les deux Orateurs eurent ainsi le tems de préparer leurs plaidoyers.

Jamais cause ne piqua davantage la curiosité, & ne fut plaidée avec autant d'appareil. A l'époque fixée on accourut dans Athènes, de l'Asie mineure, & de toutes les grandes villes du Péloponèse.

C'était, en effet, un spectacle digne de la curiosité philosophique, de voir les deux Orateurs qui se partageaient l'empire de l'éloquence, aux prises l'un contre l'autre, pour une affaire d'Etat, où l'honneur du Gouvernement semblait avoir été compromis. L'attente de la Grèce ne fut point trompée : chacun des athlètes déploya toutes les ressources, non-seulement de son art, mais encore de son génie, & celui qui succomba, tout vaincu qu'il était, excita encore, par sa chûte honorable, l'envie de ceux qui se proposaient de courir la même carrière.

Les deux plaidoyers subsistent aujourd'hui, tels qu'ils ont été prononcés ; les gens de l'art en admirent la belle ordonnance, l'enchaînement ingénieux de toutes ses parties, l'imagination qui vivifie les discussions les plus arides, les charmes du style qui, prenant toutes les nuances du sujet, n'a point la monotonie d'une élégance continue, & sur-tout cet intérêt dramatique qui va toujours croissant de l'exorde à la péroraison. A tous ces titres, ces deux ouvrages méritent leur renommée, & on pourra juger, dans tous les siècles, du goût des hommes, par l'enthousiasme qu'excitera leur lecture.

Mais puisque l'histoire m'a prêté ses balances, il faut en faire un usage courageux, en ne palliant pas les défauts des hommes célèbres. D'abord Eschine & Démosthène, tous deux admirateurs d'Homère, sont babillards comme les héros de l'Iliade; plus occupés à arrondir une période qu'à lier des faits, ou à donner de l'énergie à leurs raisonnemens, ils semblent avoir eu en vue de parler plutôt aux oreilles de leurs concitoyens, qu'à leur intelligence; il est vrai, que chez un peuple doué d'une belle imagination, & qui parlait la langue la plus harmonieuse, qui eût jamais existé, on était bien sûr d'arriver à l'intelligence, en parlant aux oreilles.

Un reproche un peu plus fondé encore, parce que la langue des Orateurs ne peut

leur fervir d'excufe, c'eft qu'il n'y a aucune décence dans les invectives qu'ils fe
permettent; les noms d'hommes vils, de
brouillons. d'impies, d'infâmes calomnia-
teurs, fouillent prefqu'à chaque page, ces
deux harangues. Cependant, chez des
Républicains égaux entr'eux, & accoutumés à fe parler avec le cynifme de la
franchife, il ne faudrait pas attacher la
même force à ces expreffions injurieufes,
que dans nos Monarchies modérées, où
un intervalle immenfe, fépare la langue
d'un homme bien élevé, & celle de la
populace. Un Poëte tel qu'Homère, un
Orateur tel que Démofthène, pouvaient
ne confidérer les épithètes indécentes,
dont ils arrondiffaient leurs phrafes, que
comme des particules explétives. Chez
nous, il n'y a que la haîne, ou le mauvais
goût, & fouvent l'un & l'autre à la fois,
qui fe permettent des injures, dont
l'homme qui les prononce, & l'auditeur
méchant qui les applaudit, font feuls
deshonorés.

Au reſte , toutes les injures quon voit répandues dans les deux plaidoyers ſur la Couronne , ne ſont rien moins que des particules explétives ; il y a , ſur-tout , dans l'ouvrage de Démoſthène , des traits de ſatyre odieux , ſoit ſur l'obſcurité de la naiſſance de ſon rival , ſoit ſur les états aviliſſans que l'indigence lui fit em-braſſer (a). Si jamais de pareils reproches

---

(a) Les enthouſiaſtes , qui ſe permettent d'admirer les anciens , mais non de les juger , me croiront peut être moins coupable de ſacri-lége , quand ils auront lu le texte ſuivant , traduit littéralement de la harangue de Dé-moſthène *ſur la Couronne.* Pour être moins ſuſpect , je me ſervirai de la verſion de l'Abbé Auger.

″ Que n'ai-je point à dire de vous & des ″ vôtres ? Mon embarras eſt de ſavoir par où ″ commencer. Dirai-je d'abord comment votre ″ père Tromès , les pieds retournés dans des ″ entraves de bois , ſervait , en qualité d'eſ-″ clave , Elpias , un Maître d'école ; ou com-″ ment votre mère , qui paſſait tous les jours ″ à de nouveaux mariages , dans un lieu de

dûrent paraître indécens & abfurdes, c'eft
dans une République telle qu'Athènes,

» débauche, éleva, en vous, une belle ftatue,
» un excellent Acteur pour les troifièmes rôles ?
» Mais, en vérité, je crains que de pareils
» difcours, qui font dignes de vous, ne paraif-
» fent indignes de moi. Je les abandonne donc
» pour commencer l'hiftoire de votre vie.

» Efchine, ô Athéniens, n'eft pas né parmi
» ceux au rang defquels le hafard l'a placé,
» mais parmi ces miferables que le peuple abhor-
» re ! Il y a à peine deux jours qu'il eft devenu
» Athénien & Orateur. Ajoutant deux fyllabes
» au nom de fon père, il l'appella Atromète,
» au lieu de Tromès ; il décora fa mère du nom
» de Glaucothée, au lieu du nom infâme que
» lui méritaient fon libertinage effréné & fes
» complaifances criminelles. . . . .

» Efchine, homme illuftre, vous qui méprifez
» les autres, comparez votre fortune avec la
» mienne ; né dans la mifère & dans la baffeffe,
» vous pafsâtes votre enfance, dans l'école de
» votre père, occupé à broyer l'encre, à nétoyer
» les bancs, à balayer la claffe : vous faifiez
» alors l'office d'un vil efclave Parvenu à l'ado-
» lefcence., vous aidiez votre mère dans fes

où le mérite tenait lieu d'ancêtres, où
Phocion, sans naissance, commandait les

» opérations mystiques ; vous lui lisiez ses for-
» mules, dans le tems qu'elle initiait . . . . . vous
» vous vantez de hurler mieux que personne, &
» je le crois sans peine ; peut - on douter, en
» effet, qu'un homme, qui déclame aujourd'hui
» d'un ton si éclatant, ne hurlât pas alors d'une
» façon remarquable ? . . . . . Vous quittâtes ce
» métier, & la suite de votre vie ne dépara pas
» de si beaux commencemens ; vous vous louâtes,
» pour jouer les troisièmes rôles, à de fameux
» Histrions. Dans vos courses, vous vous amu-
» siez à cueillir, sur le terrein d'autrui, des
» figues, des raisins, des olives, comme si la
» récolte vous eût appartenu. Aussi, vous re-
» çutes alors plus de coups, que vous n'en avez
» jamais reçus dans ces représentations où votre
» vie était en danger. Car les spectateurs vous
» avaient déclaré une guerre implacable. Comme
» ils ont payé vos talens de plus d'une blessure,
» vous êtes fondé à traiter de lâches ceux qui ne
» connaissent pas ces périls.

 » Sans m'arrêter aux vices qu'on peut attribuer
» à l'indigence, je passe aux défauts de votre
» cœur, &c. «. *Œuvres de Démosthène*, tra-

armées, & où Socrate, sans fortune, était déclaré le plus sage des hommes.

Malgré tous ces défauts, les deux plaidoyers jouirent, dans Athènes, d'un grand succès d'estime. Les suffrages furent longtems partagés ; cependant, à la fin, Eschine succomba, & paya de la peine de l'exil, la témérité de son accusation. Démosthène, quelquefois petit & lâche dans la lutte, devint grand après sa victoire. Au moment où son rival humilié sortait d'Athènes, sachant le désordre de ses affaires, il courut à lui, la bourse à la main, & l'obligea, à force de prières, de l'accepter. C'est alors qu'Eschine, atten-

----

duites par l'Abbé Auger, tome 2, pag. 445 & 503. — Je n'ai pas la force d'achever cette analyse, qui fatigue à-la-fois ma plume & mon cœur ; si les Commentateurs de Démosthène ont juré de trouver, dans tout ce morceau, du sel & de l'atticisme, j'avoue que leur monde ne ressemble en rien à celui je fais gloire d'habiter.

dri , s'écria : *comment ne regretterai-je pas une patrie , où les ennemis que je laiſſe ſont ſi généreux , qu'à peine rencontrerai-je ailleurs des amis qui leur reſſemblent.*

Eſchine vint s'établir à Rhodes, & y fonda une école d'éloquence, qui ſe ſoutint, avec ſa célébrité, juſques ſous les premiers Céſars. On prétend qu'il ouvrit ſa ſéance publique, par la lecture des deux harangues ſur la Couronne. Les Rhodiens donnèrent de grands éloges à la ſienne ; mais quand ils entendirent celle de Démoſthène, les acclamations redoublèrent, & l'Orateur fut obligé de s'interrompre : *que ſerait-ce donc , dit-il, ſi vous l'aviez entendu lui-même ?* Mot généreux , qui prouve qu'Eſchine , malgré la ſatyre , avait quelqu'étincelle de l'ame des Ariſtide & des Socrate.

ASSASSINAT DE PHILIPPE

DE

MACÉDOINE (*a*).

LA bataille de Chéronée avait mis la Grèce sous le joug de Philippe. Ce Prince, fier de devoir à trente mille soldats, ce que les Darius & les Xerxès n'avaient pu exécuter avec leurs millions d'esclaves, s'apprêtait à user de sa victoire ; déja les Amphyctions, cédant au torrent, l'avaient nommé Généralissime des Grecs, dans l'expédition méditée contre les Perses ;

(*a*) *Diod. Sicul.* lib. 16 ; *Plutarch.* in Alexandr. & in Apophtegm. ; *Eschin.*, Orat. de Coron. ; *Elian*, Var. Histor. lib. 7 & 8 ; *Justin*, lib. 9, cap. 7.

tout concourait au couronnement de vingt ans de politique & d'exploits, lorsque la mort tragique de ce héros turbulent, retarda la grande révolution qui devait rendre un tiers du globe connu, tributaire de la Macédoine.

Philippe, dont le génie ardent & inquiet s'indignait des langueurs d'une vie paisible, s'était peu appliqué à gagner le cœur de son épouse Olympias. Il avait toujours préféré à l'amour le tumulte des combats, & quand son ambition satisfaite commença à se blâser sur ses jouissances, il ne revint à l'amour que pour être infidèle. Le hasard lui ayant fait rencontrer une nièce d'Attale, la beauté la plus accomplie de la Grèce, il répudia Olympias, pour donner le trône de la Macédoine à sa rivale. Cette offense, que le sexe ne pardonne jamais, fut le germe de l'assassinat de Philippe.

Au milieu des noces de la nouvelle Reine, Attale, son oncle, la tête échauffée par les fumées du vin, s'avise de dire aux

convives, que les peuples devraient demander aux Dieux un héritier légitime
du trône de Macédoine. Alexandre était
présent. *Misérable*, lui dit-il, de l'accent
de la fureur, *prends-tu donc pour un bâtard
le fils d'Olympias?* & à l'inftant il lui jette
fa coupe à la tête Attale fe défend avec
les mêmes armes, la querelle s'échauffe,
les convives fe partagent. Alors Philippe,
qui préfidait à une autre table, inftruit de
la caufe du tumulte, par un parent de fa
nouvelle époufe, s'élance, l'épée à la
main, pour percer Alexandre. Heureufement le Monarque était boiteux, il tombe
au premier pas, & les Seigneurs ont le
tems de fe jetter entre le père & le fils,
pour leur fauver le plus grand des crimes.
Alexandre fort à l'inftant du palais, fait
paffer Olympias chez les Epirotes, & fe
retire lui-même en Illyrie.

Attale, dont le mot outrageant avait
prefqu'amené un parricide, fier de fe
trouver, par le mariage de fa nièce, fi
près du trône, fe jouait infolemment &

des mœurs & des loix ; il viola , dans son palais , le jeune Pausanias , & non content de cet attentat , il le prostitua dans un festin à tous les convives. L'infortuné était d'une naissance illustre , il demanda justice avec fierté à Philippe qui la refusa. Alors , tout entier à son désespoir , il résolut de s'en prendre , non à son ennemi , mais à son juge , & de donner à sa vengeance un éclat qui remplirait de terreur toute la Macédoine.

Philippe , à cette époque , célébrait , avec un faste Asiatique , les noces de Cléopâtre sa fille , mariée à un Roi d'Epire ; on portait en pompe les douze statues des grands Dieux de la Grèce , & la marche sacerdotale était terminée par l'image du Roi lui-même , qui avait l'insolence de se décerner les honneurs de l'apothéose. Au moment où la cérémonie religieuse allait commencer , Philippe sort de son palais , revêtu d'une robe blanche & entouré de ses gardes , qui avaient ordre de laisser entr'eux & lui un grand intervalle , pour donner aux étrangers , préfens à ce fpectacle , toute la facilité de le confidérer. Il s'avançait ainfi en triomphe , au milieu des acclamations , vers fon trône , qu'on avait érigé au centre de la place publique , lorfque Paufanias pénètre dans l'efpace vuide abandonné par les gardes , perce le Roi d'un coup de poignard & le fait tomber mort à fes pieds. On obferva alors que ce fut au moment même où la ftatue du nouveau Dieu fe pofait fur fon piedeftal , qu'il fut affafliné.

Paufanias avait fait tenir des chevaux tout prêts , non loin du lieu de la fcène ; il eut le tems de monter fur fon char, mais les gardes l'atteignirent & le maffacrèrent.

Olympias fut violemment foupçonnée d'avoir eu part à l'attentat de Paufanias , & le foupçon fe tourna en certitude , quand on vit la vengeance lâche & cruelle que tira cette Princeffe de la nouvelle Reine de Macédoine ; elle poignarda la

fille de l'infortunée entre ses bras, &
obligea sa rivale elle-même à s'étrangler
avec son diadême.

La Grèce, de son côté, abusa, avec la
plus grande bassesse, de cet évènement
terrible, qui lui rendait l'ombre de sa
liberté. Les métropoles du Péloponèse se
livrèrent à une joie indécente, quand elles
apprirent la nouvelle que Philippe n'était
plus, & Athènes, à cet égard, leur donna
l'exemple d'abdiquer tout sentiment de
générosité; on vit Démosthène quitter la
pompe funèbre de sa fille, pour se montrer,
en public, la couronne de fleurs sur la
tête, & dicter à sa nation un décret infâme, qui mettait au rang des grands
services rendus à la Grèce, le régicide
de Pausanias.

Philippe fut assassiné, après un règne
de vingt-quatre ans, l'an 1246 de l'Ere de
Paros, qui répond à la première année de
la cent onzième Olympiade.

La fourberie & la dissimulation formaient le fond du caractère de ce Prince.

Né avec l'ambition de la Monarchie universelle , il songea peu à la voiler par cet
enthousiasme de la gloire , qui fait tout
pardonner aux héros ; il n'employa d'ordinaire que de petits moyens , pour faire
réussir ses vastes projets ; il acheta la Grèce
plus qu'il ne la soumit ; c'est en mettant
un prix à l'éloquence vénale des Orateurs
d'Athènes , & au silence des autres , en
soulevant un peuple léger contre les vrais
patriotes , en corrompant les Pythies ,
qu'il vint à bout de dominer ; il ne prend
point de villes que son or ne lui en ait
ouvert les portes. La perfidie entoure
d'un nuage tous ses exploits. La victoire
de Chéronée semble la seule où ses trophées soient purs , encore il la doit au
génie d'Alexandre.

L'antiquité vante beaucoup sa politique profonde & ombrageuse , le secret
impénétrable dont il couvrait toutes ses
entreprises , les stratagêmes de guerre
qu'il imaginait , pour ne point compromettre sa renommée. Tout cela convient

mieux à un petit Etat entouré de voisins formidables, dont il a intérêt de tromper la jalousie, qu'à une monarchie puissante, qui n'a besoin que de déployer ses propres forces, pour donner la loi à tout ce qui l'environne. Philippe, ainsi caractérisé, eût été plus à sa place dans ces petites Républiques d'Italie, pour lesquelles Machiavel a fait son *Prince*, que dans cette Macédoine, où Alexandre, depuis, fut sur le point de réaliser son rêve brillant de la conquête du monde.

Le machiavélisme de Philippe était d'autant plus dangereux, qu'il l'avait réduit en système ; l avait sans cesse à la bouche le mot fameux de Lysandre, *qu'il faut amuser l'enfant avec des jouets, & l'homme mûr avec des sermens*. Mot bien différent de celui d'un de nos Monarques, qui, sollicité de violer un traité dont il était la victime, répondit : *Non ; si la bonne foi & la vérité étaient bannies de la terre, elles devraient encore se retrouver dans le cœur & dans la bouche des Rois.*

On cite cependant quelques traits de Philippe vraiment dignes d'éloge ; mais d'après son caractère connu, on est plus tenté d'en faire honneur à sa politique, qu'à sa vertu ; il était de l'intérêt de ce Prince, pour parvenir à ses fins, de paraître respecter le droit des gens, les mœurs & les loix sur lesquelles repose le bonheur social. On connaît l'audace courageuse de cette Macédonienne, qui, condamnée, dans une affaire civile, par ce Prince, dont elle avait invoqué la justice, lorsqu'il sortait d'un grand festin, en appella de Philippe ivre à Philippe à jeun, & obtint, par là, tout ce qu'elle demandait. Une autre Grecque qui, tous les matins, venait lui demander audience, & que son extérieur pauvre faisait toujours rebuter, lui dit avec émotion : *si vous n'avez pas le tems de me rendre justice, cessez donc d'être Roi,* & elle eut ses entrées libres au palais. Qui croirait que de pareils traits sont du même Prince qui amusait les villes avec des sermens, qui corrompait les Oracles, & qui, par un déni de justice, attira contre lui le poignard de Pausanias ?

Philippe avait, parmi ses Officiers, un Macédonien, dont l'unique emploi était de lui dire tous les jours, à l'ouverture de ses audiences : *ő Roi! souviens-toi que tu n'es qu'un homme*; & ce même Philippe, le jour de sa mort, abdiquant le nom d'homme, avait ordonné son apothéose.

Hâtons-nous de quitter l'héroïsme un peu suspect de Philippe, pour arriver à l'héroïsme plus franc & plus décidé d'Alexandre.

DES

HISTORIENS D'ALEXANDRE.

ALEXANDRE, un des grands hommes de l'antiquité qui a le plus bouleversé la terre, & dont la terre s'est le plus occupé, semble en même-tems un de ceux sur lesquels il est plus difficile à la postérité d'asseoir un jugement; il faut l'attribuer à l'absence des histoires primordiales, & au peu de confiance qu'inspirent des faits dénaturés en sens contraires, soit par l'enthousiasme, soit par la malignité.

Alexandre a eu le malheur de compter, dans la Grèce, quatre Poètes pour Historiens; du moins, c'est ainsi que la grammaire philosophique doit caractériser des Ecrivains, qui ont employé le style de l'Epopée, pour raconter des expéditions militaires, que leur imagination, pervertie

par les grands noms de Bachus & d'Hercule, mettait au rang des merveilles (*a*).

HÉGÉSIAS, à qui les Anciens attribuent
la première dégénération de l'éloquence
Grecque, par le mêlange qu'il en fit avec
les hyperboles des Orientaux, prit, pour
son héros, le vainqueur de Darius. Son
ouvrage s'est perdu, & le bon goût doit
peu le regretter, à en juger par un fragment sur la prise de Thèbes, que Photius
nous a conservé (*b*). » L'adversité rendit
» muets ces remparts, dont la voix re-
» tentissait au loin ; quand la phalange de
» Macédoine les escalada, elle arracha la

—————————————————————————

(*a*) Il existe, sous le nom d'*Examen critique
des Historiens d'Alexandre*, un volume in-
quarto, du Baron de Sainte-Croix, plein de
recherches & de vues lumineuses, que nous
ferons de tems en tems, gloire d'adopter. Cet
Ouvrage, écrit avec la dialectique de Fréret,
n'est pas assez connu, quoiqu'il ait été couronné
par une de nos Académies.

(*b*) *Biblioth*. Excerpt. ex lib. 5 ; Agathar.
de mari rubro.

» vie à une des métropoles de la Grèce ;
» ici était son tombeau, là était la mort.
» O Alexandre ! en détruisant la ville
» d'Epaminondas, tu as fait comme si
» Jupiter arrachait la lune du firmament «.

CLITARQUE, qui ne nous est connu
que par les critiques judicieuses de Cicéron & de Quintilien, fut l'imitateur
servile d'Hégésias. Toujours hors de la
nature, il prodigua son style exagérateur
jusques dans les détails les plus simples
de l'expédition de son héros ; on peut
dire qu'il rendit problématique la grandeur d'Alexandre, à force de la rendre
colossale.

On est fâché de voir, dans cette liste
de Poëtes-Historiens, le nom du célèbre
CALLISTHÈNE. Cet Ecrivain qui, en qualité, soit de Républicain, soit de Philosophe, avait un double motif pour montrer
toute la simplicité de la franchise, fit une
espèce d'iliade de l'expédition d'Alexandre. Sans doute qu'il voulait, comme
Homère, faire dépendre de son génie, la

renommée du héros qu'il chantait. Le conquérant, d'abord, lui sut gré de ses adulations, & quand ses mœurs se dégradèrent par les hommages serviles de l'Asie, il voulut que le Philosophe les couronnât, en donnant les mains à son apothéose; Callisthène, alors, retrouva son ame toute entière, & sa courageuse résistance fit oublier ses premières faiblesses. Au reste, le livre adulateur de Callisthène n'est point parvenu à la postérité, & c'est un grand bonheur pour sa mémoire (a).

C'est encore un étrange projet que celui de cet ONÉSICRITE, disciple du cynique Diogène, qui fit une *Alexandriade*, sur

____

(a) Il faut ranger, parmi les livres évidemment apocryphes, une Histoire d'Alexandre, écrite par un Moine, qui a osé prendre le nom de Callisthène, pour donner un moment d'existence à sa production insipide. La Bibliothèque du Roi compte jusqu'à quatorze manuscrits de ce faux Callisthène.

le plan de la *Cyropédie* ; comme si un roman philosophique pouvait servir de modèle à l'histoire d'un héros, qui, sans baguette magique, sans fanatisme, avec le seul secours de trente mille hommes, a changé la face du monde !

PTOLÉMÉE & ARISTOBULE, sont les premiers Historiens d'Alexandre, qui aient droit à la créance des siècles. Tous deux commandaient dans l'armée du conquérant : tous deux avaient été témoins oculaires de ses exploits : tous deux, afin qu'on ne soupçonnât pas que l'ambition ou le respect avaient dégradé leur plume, attendirent la mort du héros, pour publier leurs ouvrages.

Les Mémoires de Ptolémée & d'Aristobule n'ont point échappé à la destruction lente du tems, mais ils ont servi au judicieux ARRIEN, pour composer son histoire d'Alexandre. Cet Ecrivain du siècle de Marc-Aurèle, attentif à ne laisser aucun nuage sur sa véracité, joignit à ces matériaux excellens, le journal des actions de son héros, rédigé par Diodore d'Erythrée & par Eumène, ainsi que l'itinéraire de l'armée qui conquit l'Inde, donné par les Mathématiciens Béton & Diognète.

Arrien (a) quoiqu'on ne lui ait point fait l'honneur de le traduire dans nos langues vulgaires, n'est point un Historien à dédaigner ; il possédait au plus haut degré la tactique de son tems, & il prouva que sa pratique n'était point inférieure à sa théorie, lorsqu'à la tête d'une armée Romaine, il préserva l'Asie mineure de l'invasion des Alains. Excellent Politique, il fait embrasser, d'un coup-d'œil, les effets & les causes des révolutions des Empires, & il les présente de tems en tems sous un point de vue moral, qui n'est point indigne d'un disciple d'Epictète, & d'un admirateur de Marc-Aurèle.

____

(a) L'édition qui nous a servi, est la belle de Westein, grecque & latine, donnée à Amsterdam en 1757.

Les Empereurs rendirent hommage à ses talens, en lui accordant le Consulat & le Gouvernement de la Cappadoce.

On regrette cependant qu'un Ecrivain aussi distingué qu'Arrien, prévenant le jugement des siècles, ait osé écrire *qu'il était le premier des Historiens de l'ancienne Grèce, comme Alexandre, son héros, fut le premier des conquérans* (a). Si Tacite lui-même, le plus grand des hommes d'Etat qui ont écrit l'Histoire, s'était ainsi placé au premier rang, il aurait, peut-être, mérité d'en descendre.

PLUTARQUE est, après Arrien, l'Ecrivain de l'antiquité qui a le mieux fait

---

(a) Il faut transcrire, en son entier, ce trait d'amour propre, qui, à force d'être naïf, cesse peut être d'être ridicule.

Hac quidem de causâ me ad hanc Historiam conscribendam impulsum fuisse profiteor, non indignum me censens, per quem Alexandri res gesta apud homines nota celebres que efficerentur.

connaître Alexandre (*a*) ; il eſt l'Hiſtorien de ſa vie privée, comme le diſciple d'Epictète le fut de ſa vie publique ; il eſt vrai qu'il ne faut marcher qu'avec précaution, au milieu de ce dédale de faits qu'il n'a point liés enſemble, par le fil de la chronologie. Il faut ſe défier encore plus de ſon imagination amie du merveilleux ; car pour augmenter la taille de ſon héros, il ſe perd ſouvent avec lui dans les nues, trompé, ſans doute, par les fables d'Onomacrite & d'Hégéſias.

Quiſquis vero ſim qui ita de me ſentiam, nomen quidem adſcribere nihil attinet (neque enim obſcurum illud inter mortales eſt) ſed nec patriam nec genus meum, neque an aliquem in civitâte meâ Magiſtratum geſſerim. Illud dixiſſe ſatis fuerit, mihi nec patria nec generis nec honorum ornamenta deeſſe, litteras vero à puero ſemper cordi fuiſſe. Propterea non indignum me judicaverim, qui inter primos Græca lingua ſcriptores, ut Alexander inter eos, qui in re militari præſtiterunt, collocer. Voyez Arrian. Expedit. Alexandr. lib. 1*, cap.* 12.

(*a*) *In vitâ Alexandr. & de fortun. Alexandr.*

Nous avons perdu une partie des Mémoires de DIODORE fur le conquérant de l'Inde, & ce qui nous en refte (*a*), malgré le peu de choix des faits, & le bouleverfement de la chronologie, ne contribue pas peu à la faire regretter. N'oublions pas que Diodore eft le premier des Grecs qui femble avoir ennobli la carrière de l'hiftoire, en ne lui donnant que des hommes mûrs pour lecteurs (*b*); n'oublions pas que fans lui, nous n'aurions pas quatre lignes de raifonnables à écrire fur le monde primitif, & que c'eft en vertu de cette philofophie fage, avec laquelle il a adouci les ombres de l'ancienne Mythologie, que la Motte le Vayer, a appellé les cinq premiers livres de fon ouvrage, la Bible du Paganifme.

Après avoir lu Diodore & Arrien, on fe trouve dans un monde nouveau, quand

---

(*a*) *Hiftor. Univerf.* lib. 17.

(*b*) *Apud Græcos defiit nugari Diodorus,* Plin. *Hiftor. Natur.* in Procœmio.

on parcourt la vie d'Alexandre par Quinte-Curce. Au lieu des exploits brillans, mais vraisemblables du vainqueur d'Arbelles, on croit voir revivre les géans pourfendus des Persée & des Bellérophon. Le pinceau de l'Historien, par le point de vue où il place son héros, rend quelquefois fabuleux jusqu'aux petits détails qui le rapprochent du reste des hommes.

Quinte-Curce ignore la tactique, falsifie la géographie, renverse, sans motif, l'ordre naturel des évènemens ; & il faut que ces défauts soient bien évidens, puisqu'ils sont reconnus, par les critiques même qui lui ont fait l'honneur de le commenter (*a* .

On est tenté, à voir le style plein d'images désordonnées de l'Historien d'Alexandre, le faste de ses descriptions, les déclamations pompeuses de ses haran-

____

(*a*) Voyez la Préface sçavante, qui est à la tête du Quinte-Curce, *ad usum Delphini.*

gues, qu'il n'a eu en vue que de com-
pofer une amplification de Collége ; il
faudrait plaindre fon goût, s'il avait ainfi
proftitué fon talent : il faudrait plaindre
le nôtre, fi nous penfions ne pouvoir
écrire fans lui une vie d'Alexandre (a).

Ce dégoût que m'infpire, comme Hiftorien, l'amplification de Quinte-Curce,
ne m'empêche pas d'applaudir, comme
homme de Lettres, à l'imagination vive
& féconde qu'il déploie dans fes tableaux,

(a) Beaucoup d'autres Ecrivains ont parlé
d'Alexandre, mais ils ne méritent point qu'on
apprécie, en détail, leurs ouvrages, parce que
ce n'eft que par occafion qu'ils fe font occupés
de fa vie privée, ou de fes conquêtes. Tels font
Juftin, dans fon Abréviation de Trogue Pompée,
Cédrène, Orofe, Zonare & Abulfarage. Il y en
a qui n'ont cité Alexandre, que pour faire fervir
fon nom d'époque à leur chronologie, comme
George le Syncelle, & Eusèbe de Céfarée ; mais
nos vrais guides feront Arrien, Plutarque &
Diodore : de tems en tems même Quinte-Curce,
quand il ne fera ni abfurde, ni déclamateur.

à l'intérêt dramatique qu'il donne à tous ſes perſonnages, à l'éloquence qui règne dans ſes harangues. L'Ecrivain qui ne rendrait pas juſtice aux grands talens de Quinte-Curce, ne ſerait pas digne de lui faire abdiquer l'empire qu'il a uſurpé en Hiſtoire.

COMMENCEMENS

D'ALEXANDRE-LE-GRAND (a).

ALEXANDRE III ou le Grand, naquit de Philippe & d'Olympias, l'an 1225 de l'Ere de Paros, qui répond à la dernière

---

(a) *Plutarch.* in Alexandr. & de Fortun. Alex. *Diod. Sicul.* lib. 17; *Supplem. Freinshem.* in Quint.-Curt. *Valer. Maxim.* lib. 8, cap. 14; *Plin.* Histor. Natur. lib. 36, cap. 14; *Athen.* Deipnosoph. lib. 12; *Aul.-Gell.* Noct. Attic. lib. 5 & 20.

Nous avons été obligés de transcrire un petit nombre de pages sur Alexandre, qu'on a déja vues dans les histoires de Phénicie & de Perse. C'est malgré nous que nous nous sommes déterminés à ce sacrifice fait à la clarté; d'ailleurs, on nous a observé que l'Histoire de la Grèce

année de la cent cinquième Olympiade (*a*). Le jour de sa naissance fut célèbre par l'incendie du temple d'Ephèse, une des merveilles du monde Hégésias, un des Historiens du héros, dit gravement que Diane *laissa brûler son temple, parce qu'alors elle était occupée à présider aux couches d'Olympias*, & Plutarque ajoute, *que ce mot si froid, qu'il en ait suffi pour éteindre l'embrâsement*. Il n'y a pas plus de goût dans la plaisanterie de Plutarque, que de philosophie dans le mot d'Hégésias.

On a jetté quelques nuages sur la légitimité d'Alexandre. Olympias avait le tempérament d'Hélène, sans en avoir

---

étant destinée à former un Ouvrage à part, les renvois à des livres qu'on ne posséderait pas, nuiraient à l'intelligence de celui-ci.

(*a*) Il y a vingt opinions différentes sur cette époque; nous suivons celle qui résulte de l'accord des meilleurs Historiens de l'antiquité, qui donnent trente-deux ans & huit mois de vie à Alexandre.

la beauté : on prétend qu'elle abufa quelquefois des orgies licentieufes des Bachantes, anxquelles elle préfidait, pour
fe livrer au délire de fes fens. Les Prêtres
des myftères favorifaient ce commerce
qui augmentait leur pouvoir ; & comme
les tyrfes des Bachantes étaient d'ordinaire entortillés de ferpens apprivoifés,
lorfque le myftère de ces amours coupables commença à tranfpirer, on fit entendre à Philippe, que fon époufe accordait fes faveurs à un Dieu déguifé en ferpent, ce qu'il fit femblant de croire, jufqu'à ce que le plaifir d'être infidèle à fon
tour, l'engagea à répudier Olympias.

Alexandre lui-même, dans la fuite,
tira parti de cette fable religieufe, pour
fe dire fils de Jupiter Ammon ; il comptait par-là fauver l'honneur de fa mère,
& préparer les voies à fon apothéofe.

La jeuneffe d'Alexandre fit preffentir
le génie guerrier qu'il déployerait dans
un âge mûr. Il ne fe plaifait, comme
Achille, qu'à manier des lances & des

épées. Mais quelque gloire qu'il attachât aux combats, son orgueil ne se serait point abaissé, jusqu'à cueillir des palmes vulgaires. Comme il était, dans son adolescence, très léger à la course, on lui demanda un jour, s'il ne se présenterait pas dans l'arène des jeux Olympiques : *Sans doute*, répondit il, *si je dois avoir des Rois, pour me disputer de pareilles couronnes.*

Les exploits de Philippe excitaient, dans son fils, une rivalité que, dans une ame moins généreuse, on aurait cru de l'envie. Quand on lui apportait la nouvelle de quelque ville que ce Monarque avait prise, ou de quelque victoire qu'il avait remportée, il disait en gémissant : *Mon père va tout subjuguer ; je n'aurai donc plus de gloire à recueillir !*

Philippe ne donna pas d'abord à son fils, l'éducation distinguée que lui destinait sa tendresse. Elle fut confiée à un parent de la Reine, nommé Léonidas, qui avait l'orgueil de regarder comme

deshonorant,

deshonorant, le titre d'Inſtituteur des enfans des Rois ; & le Précepteur choiſi en ſecond ordre, était un Acarnanien, ſans talens & ſans génie, qui n'avait d'autre mérite que de s'appeller Phœnix, & de donner au Roi le nom de Pélée, & celui d'Achille à ſon élève. On le voyait de bon œil à la Cour, à cauſe de l'adulation que renfermait cette parodie de l'Iliade.

Cependant Philippe s'apperçut bientôt, qu'un Courtiſan ne fait pas un héros ; il fit venir, d'Athènes, le célèbre Ariſtote, & le chargea de veiller à l'éducation de ſon fils. Ce choix ſi digne de l'un & de l'autre, avait déja été préparé depuis long-tems : on dit que le jour même de la naiſſance d'Alexandre, Philippe écrivit à cet homme de génie : ,, Je t'apprens que j'ai ,, un fils. Je remercie les Dieux, moins ,, de m'avoir rendu père, que d'avoir fait ,, naître cet enfant du tems d'Ariſtote ; je ,, le confie, de ce moment, à ta philoſo- ,, phie vertueuſe, & je me flatte qu'elle

„ en fera un Roi digne de la Macé-
„ doine «.

Philippe ne fut point trompé dans son attente ; Aristote donna une éducation républicaine à son élève : il lui apprit que la nature avait fait égaux , l'homme qui commande & l'homme qui obéit ; qu'il y avait une morale qui enchaînait les Etats comme les individus ; que le despotisme est un poignard à deux tranchans, qui ne peut agir contre les peuples , sans réagir contre les Rois. Toutes ces grandes vérités germèrent dans l'ame encore neuve d'Alexandre , & on leur doit , peut-être , la générosité qu'il témoigna dans la suite à la famille de Darius , les longs remords qui suivirent le meurtre de Clitus , & tous les beaux traits de sa vie , qui lui ont fait pardonner , aux yeux du Sage , la démence de ses conquêtes.

Alexandre était né avec le génie le plus ardent : son sage Instituteur voulut occuper de bonne heure son activité , en lui donnant à - la - fois les élémens de toutes les connaissances humaines ; il croyait, peut-être, que l'envie de tout savoir, le dégoûterait de celle de tout subjuguer.

Mais la passion dominante du Prince, brisait, dans son impétuosité, tous les freins qu'on imaginait pour la réprimer. La première fois que le Philosophe lui lut Homère, frappé de ses chants belliqueux, plutôt que du génie qui les animait, il regarda leur auteur comme le plus grand des hommes. Son enthousiasme depuis ne fit qu'accroître. Après la bataille d'Arbelles, ayant trouvé, dans la tente de Darius, une cassette d'or enrichie de pierreries, où le Monarque infortuné renfermait ses essences, il y renferma les œuvres d'Homère, comme le chef-d'œuvre de l'esprit humain. Cette espèce de culte que le héros rendait au premier des Poètes Grecs, venait de l'amour effréné pour la gloire, qu'avait développé en lui la lecture de l'Iliade ; il appellait ce Poëme le livre par excellence des gens de guerre,

& toutes les nuits, il le mettait sous son chevet, avec son cimeterre.

En attendant qu'Alexandre pût devenir le rival d'Achille, il cherchait, en d'autres genres, des triomphes qu'il ne dût qu'à lui seul. Aristote, comme tous les Philosophes de son tems, avait une doctrine secrette & une doctrine publique. La première, faite, par sa sublimité, pour alarmer le fanatisme, devenait plus dangereuse que jamais dans Athènes, depuis le supplice de Socrate ; le Philosophe, qui ne trouva point d'Anitus à la Cour de Philippe, initia son élève dans tous les mystères de cette métaphysique inaccessible au vulgaire, & dans la suite, ne pouvant résister au desir de transmettre à la postérité ses découvertes en ce genre, il passa dans l'Asie mineure, & publia les plus heureuses. Alexandre fut blessé de ce qu'il n'était pas le seul dépositaire des lumières philosophiques, & il écrivit à Aristote :

» Tu ne devais pas donner au public

» ta doctrine secrette. En quoi différerai-
» je du reste des hommes, si les spécula-
» tions sublimes que tu m'as confiées,
» deviennent communes? Ne sais-tu pas
» que j'aimerais beaucoup mieux être le
» premier des Grecs par la science que
» par le pouvoir «?

Cette soif insatiable de tout ce qui pouvait attester sa supériorité sur le reste des
hommes, se manifesta, avec encore plus
d'éclat, dans l'anecdote de Bucéphale. Un
Thessalien avait amené, à la Cour de Philippe, un cheval plein de feu, & de la
taille la plus svelte, qu'il voulait vendre
assez cher, pour qu'un Monarque seul
pût en payer le prix (a). Le Roi le fit

(a) Le bon Plutarque l'estimait treize talens,
plus de soixante & dix mille livres de notre
monnaie : c'est sûrement un conte, répété d'après
Onomacrite ou Hégésias. Il est vrai que Varron
de re rusticâ, ca . 9, parle d'un Sénateur, Axius,
qui acheta un âne quatre cents mille sesterces.
S'il s'agit de la sesterce d'argent, la moindre de

essayer devant lui ; mais il était si ombrageux, que l'Écuyer le plus habile ne pouvait en approcher. Philippe ordonna qu'on le rendît à son maître. Alexandre était présent : *quel cheval nous perdons*, dit il, *faute d'audace & d'adresse dans ceux qui veulent le dompter !* & comme on souriait de cette saillie présomptueuse, il offrit de faire lui-même l'essai de Bucéphale, & d'en payer le prix, s'il ne le domptait pas. Philippe y consent, quoiqu'avec répugnance ; alors le héros s'approche du cheval, saisit les rênes, & comme il avait observé que ce qui l'effarouchait, était son ombre qu'il voyait tomber devant lui & partager ses mouvemens, il lui tourna la tête du côté du soleil. Tant que le coursier, l'œil en feu & les narines fumantes, parut

---

toutes celles qu'on employait à Rome, cette somme équivaudrait encore à près de deux cents mille écus. Il est évident que la fable de Varron, sur l'âne d'Axius, est encore plus absurde que celle de Plutarque sur Bucéphale.

supporter impatiemment le mords qui le maîtrisait, Alexandre le caressa doucement de la voix & de la main ; ensuite, quand il le voit un peu calmé, il prend son tems, laisse tomber son manteau, s'élance légèrement sur lui, & vient à bout de l'apprivoiser.

Philippe, aux premiers mouvemens de Bucéphale, monté par Alexandre, avait été saisi de terreur ; mais quand il vit le Prince parcourir toute l'étendue du stade & revenir fier de sa conquête, il l'embrassa les larmes aux yeux, & lui dit : *Mon fils, cherche maintenant un Empire plus vaste, car la Macédoine n'est pas digne de toi.*

Il fallait que Philippe eût une grande confiance dans le génie prématuré d'Alexandre, puisque partant pour l'invasion du Péloponèse, il lui confia, quoiqu'il n'eût que seize ans, la régence de la Macédoine. Le héros en profita, pour subjuguer un peuple de Thraces qui descendait des Mèdes. Il prit d'assaut leur capitale,

& l'ayant peuplée de Grecs, il lui donna le nom d'Alexandrie.

La bataille de Chéronée montra encore plus dans tout leur jour, les talens militaires d'Alexandre. Il est probable que Philippe en fut jaloux, ce qui ne contribua pas peu à la répudiation d'Olympias.

Nous avons vu quelles furent les suites du nouveau mariage que contracta le vainqueur de Chéronée. Ce Prince fut sur le point de montrer à la Grèce, le spectacle affreux d'un fils poignardé par son père. Alexandre ne se déroba à la mort que par un exil volontaire ; & pendant qu'on négociait son retour dans un Etat où sa présence était nécessaire, Philippe lui-même fut assassiné.

RÈGNE D'ALEXANDRE,

JUSQU'A

L'EXPÉDITION DE PERSE (*a*).

ALEXANDRE monta fur le trône à l'âge de vingt ans; il le trouva environné de dangers; les barbares qui dépendaient de la Macédoine, peu faits à un joug étranger, foûpiraient après leurs Rois naturels. La Grèce, vaincue aux champs de Chéronée, mais plus étonnée que foumife, était dans cet état intermédiaire où fe trouve la mer après un grand orage, lorfque fes flots, à demi battus par les vents qui s'appaifent, tiennent à la fois de la tourmente & du calme. On confeillait à

(*a*) *Arrian.* lib. 1 ; *Diod Sicul.* lib. 173 *Plutarch.* in Alexandr. ; *Efchin.* de Coron.

Alexandre d'abandonner la Grèce à elle-même, & de négocier avec les barbares, pour les ramener à la dépendance. Il n'écouta point ces conseils pusillanimes; mais persuadé que la sûreté de son trône dépendait de la vigueur qu'il ferait voir en y montant, il s'arma pour subjuguer de nouveau les barbares & le Péloponèse.

Sa première expédition fut sur les bords du Danube. Il y défit les Tryballes, peuple à peine civilisé, qui habitait au-delà du mont Hémus. De-là, il poursuivit ses conquêtes dans la Thrace, remit les Gètes sous le joug, & força des Illyriens, sujets de Glaucias, à payer un tribut annuel à la Macédoine.

La gloire du héros commençait à pénétrer dans l'Occident. Des Celtes (qu'on croit les Boyens & les Sénones) quoique très éloignés du théâtre de la guerre, envoyèrent, dit-on, alors une Ambassade à Alexandre, pour le féliciter sur ses conquêtes. Le Prince, dans l'ivresse de sa première prospérité, crut que la terreur

de ſes armes lui attirait cet hommage, &
il le dit, d'une manière hautaine, aux Ambaſſadeurs : mais ceux-ci, encore plus
fiers que le héros, parce qu'ils étaient les
repréſentans d'un peuple libre, répondirent *qu'ils ne craignaient, dans la nature,*
que la chûte des étoiles.

Cependant les Grecs, meilleurs Phyſi-
ciens que les Celtes, mais moins belliqueux, tranquilles ſur la chûte imagi-
naire des étoiles, mais non ſur l'ambition
d'Alexandre, faiſaient des ligues entr'eux,
pour interdire à ce Prince l'entrée du
Péloponèſe. Démoſthène, ſans ceſſe à la
tribune aux harangues pour échauffer ſes
concitoyens irréſolus, repréſentait les exploits du nouveau Roi de la Macédoine
dans la Thrace, comme des jeux d'enfans,
dont la poſtérité des Miltiade & des Thémiſtocle ne devait pas s'effrayer. Alexandre, inſtruit de tous ces mouvemens, ſe
préſente, lorſque perſonne ne s'y attend,
au défilé des Thermopyles, & dit à ſes
Généraux : » Démoſthène, dans ſes ha-

» rangues turbulentes, m'a appellé en-
» fant, quand j'ai subjugué les Tryballes;
» il m'a repréfenté comme un jeune
» homme fans expérience, lorfque j'ai
» parcouru, en vainqueur la Theffalie;
» je vais lui montrer que je fuis un homme
» fait, en efcaladant les remparts d'A-
» thènes «.

Thèbes était fur la route du conquérant, & Thèbes avait mérité fon indignation, en maffacrant, fur un faux bruit de
fa mort, la garnifon Macédonienne qui
tenait fa citadelle. Le héros fe préfente
pour en faire le fiége; cependant, pour
donner aux habitans le tems de fe re-
pentir, il promet une amniftie générale,
à condition qu'on livrera entre fes mains
Phœnix & Prothute, qui avaient donné
le fignal du maffacre. Thèbes, qui marchait à grands pas vers fa ruine, répondit
avec fierté à l'Envoyé, qu'elle demandait
à fon tour, qu'on lui livrât Philotas &
Antipater, les amis & les Généraux d'A-
lexandre.

Il n'y a que le succès qui puisse justifier l'audace de pareilles réponses. Thebes se défendit mal ; ayant tenté une sortie avec des forces inégales, la phalange Macédonienne rompit ses cohortes, entra dans la ville pêle-mêle avec les fuyards, & s'en rendit maître.

Alexandre deshonora sa victoire, en ordonnant la ruine de Thèbes. Le désastre de cette ville commença par le pillage le plus effréné. Non content de s'enrichir des dépouilles des vaincus, le soldat féroce deshonorait les femmes & massacrait des vieillards sans défense. Au milieu de ces scènes horribles, il y eut cependant un trait de courage de la part d'une Thébaine, qui en amena un autre de générosité de la part d'Alexandre. Des Thraces, incorporés avec les Macédoniens, avaient pillé les trésors de Timoclée, & le barbare qui les commandait, avait couronné ses excès, en violant l'infortunée, sous les yeux de ses soldats. Sa fureur satisfaite, le brigand demande à ſa victime, éperdue & mourante, s'il lui reſte quelque tréſor caché. A ce mot, Timociée ſe ranime ; l'eſpoir de la vengeance rappelle ſon ame fugitive, & elle propoſe au Thrace de le conduire auprès d'un puits, où, à la première nouvelle de la priſe de Thèbes, elle a jetté précipitamment ſon or & ſes pierreries. Le barbare, qui ne ſe défiait d'aucun ſtratagême, s'approche du puits, & ſe baiſſe pour en meſurer la profondeur ; à l'inſtant l'héroïne l'y précipite, & jette ſur lui une quantité de pierres qui l'aſſomment. Les ſoldats virent de loin la chûte de leur Capitaine ; ils accourent furieux, enchaînent Timoclée, & l'amènent dans la tente d'Alexandre.

Qui es tu ? dit à ſa captive le Roi de Macédoine. — *Je ſuis la ſœur de Theagène, qui mourut, dans les champs de Chéronée, pour ſauver, du joug de ton père, ma patrie & le Péloponèſe.* Ce mot, prononcé devant Xerxès, aurait conduit l'héroïne à l'échaffaut. Mais Alexandre, qui ſe connaiſſait en grandeur d'ame, ordonna qu'elle fût libre, elle & ses enfans.

Le héros ne connaissait pas encore combien est pure la gloire qui vient de la générosité, & il ne tarda pas à se démentir. Il donna ordre que Thèbes fût rasée jusques dans ses fondemens; six mille de ses citoyens avaient péri à la défense de ses remparts, les autres, au nombre de trente mille, furent vendus en qualité d'esclaves. Le vainqueur barbare ne fi grace qu'aux Prêtres, aux traîtres de la faction Macédonienne, & à la postérité de Pindare, le premier Poète lyrique de l'antiquité.

Le désastre de Thèbes fut un crime inutile à Alexandre; du moins il ne trouva pas, dans ses dépouilles, l'or avec lequel il comptait acheter l'empire de la Grèce. Des Historiens contemporains (a), assurent que toutes les richesses que valut

____

(a) Clitarque dans Athénée, *Deipnosoph.* lib. 4.

le pillage de cette ville malheureuse, ne montèrent qu'à quatre cents quarante talens (un peu plus de 2, 83,333 livres de notre monnaie). Au reste, c'était avec son fer, & non avec son or, que Thèbes, sous Epaminondas, était devenue la première métropole du Péloponèse.

La ruine de Thèbes fut un coup de foudre pour les Athéniens. La véhémence de Démosthène s'amortit subitement, & la République envoya une Ambassade au conquérant, pour le féliciter sur ses victoires en Thrace, &, ce qui était le dernier période de la lâcheté, pour lui faire part de la joie qu'elle avait, de voir la révolte de Thèbes punie par son renversement. Démosthène était du nombre des Députés; mais à peine arrivé au mont Cythéron, il réfléchit sur les suites du courroux d'Alexandre, &, trahissant, par timidité, les intérêts que sa patrie lui avait confiés, aussi lâche dans les négociations que sur les champs de bataille, il abandonna l'Ambassade.

Alexandre déclara d'abord, qu'il n'accorderait la paix, qu'à condition qu'on lui livrerait Démosthène, Hypéride, Charidème & sept autres Orateurs, dont il croyait que les harangues incendiaires, avaient attiré les armes de son père & les siennes dans le Péloponèse ; mais ramené à des sentimens plus pacifiques par Demade, que le Prince honorait de son amitié, il se contenta de l'exil de Charidème. Cet Orateur, né dans l'Eubée, & gendre du Roi de Thrace Cherfoblepte, avait mérité, par ses exploits à la guerre d'Olynthe, le droit de bourgeoisie dans Athènes ; fier de se voir seul redouté du conquérant, il n'attendit pas le décret de sa proscription, & sortant en triomphe de la Grèce, il alla en Perse, offrir ses services à Darius.

Le Péloponèse ainsi pacifié, Alexandre convoqua, dans Corynthe, les États-Généraux de toute la Grèce, & s'y fit nommer, à l'exemple de son père, Généralissime de l'expédition contre la Perse.

Les Gouverneurs des villes libres, les Orateurs, les Philofophes même s'emprefsèrent à venir féliciter le Roi de Macédoine fur cette élection. Diogène feul ne parut pas à fon audience, & dès-lors fon triomphe fut empoifonné ; enfin, le Prince qui avait befoin que toutes les bouches de la renommée s'ouvriffent en fa faveur, prit fon parti, & vint voir l'homme célèbre ; celui-ci était, en ce moment, affis au foleil ; à la vue des gardes & des courtifans qui s'approchaient de lui, il fe leve, & attache fes regards fur le deftructeur de Thèbes ; Alexandre le falue avec amitié, & lui demande s'il a quelque defir à fatisfaire, *fans doute,* répond Diogène, *c'eft que tu t'éloignes un peu de mon foleil.* Les Macédoniens virent dans ce mot un trait de mépris qui les indigna ; pour le Prince, il n'y vit que cette grandeur d'ame qui met l'abfence des befoins au-deffus du pouvoir, & il dit à ceux qui l'entouraient : *Si je n'étais Alexandre, je voudrais être Diogène.*

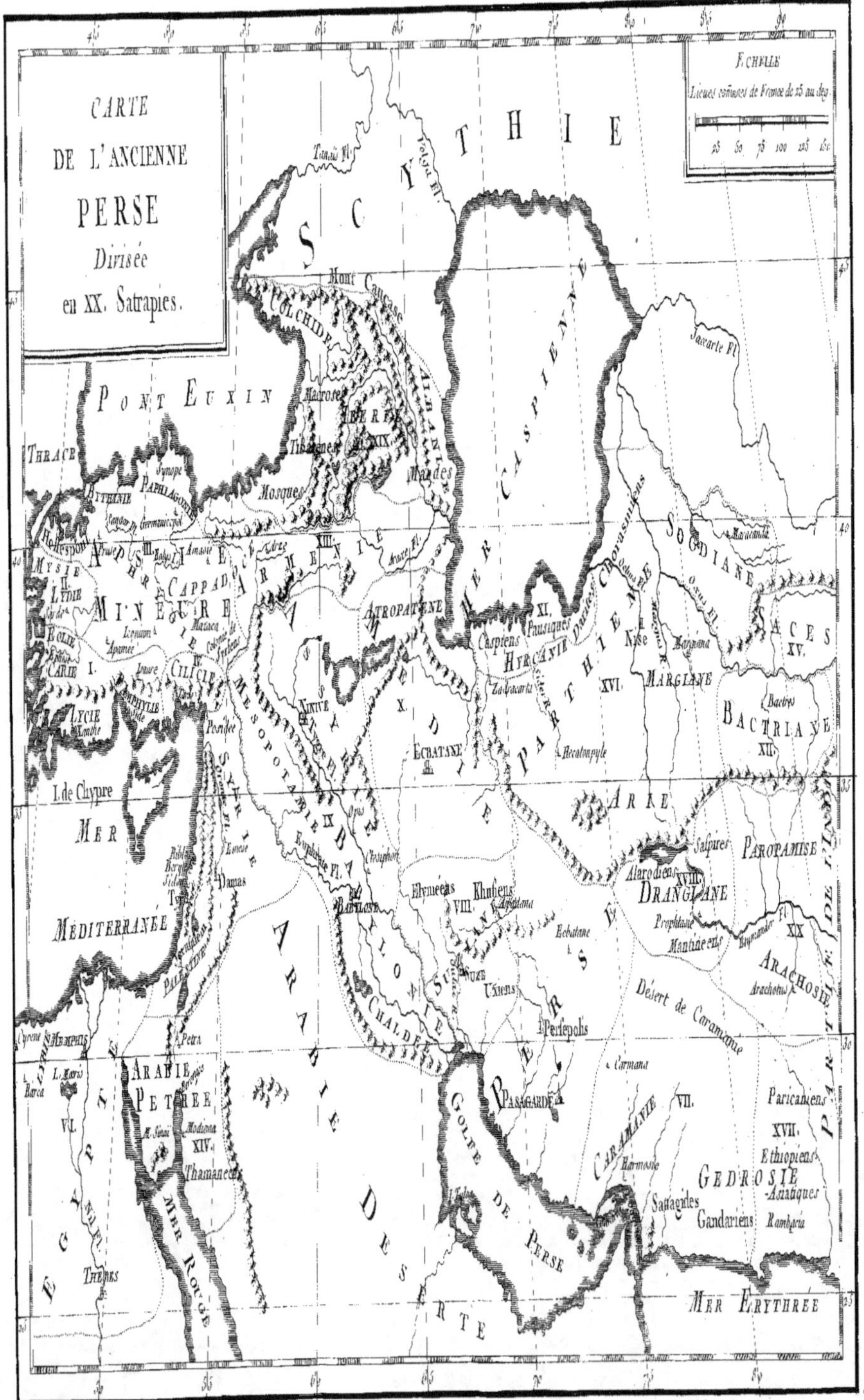

Hist. des Hom. Part. anc. Tom. VI. Pag. 7. ou 346.
CARTE
DE L'ANCIENNE
PERSE
Divisée
en XX. Satrapies.
ÉCHELLE
Lieues communes de France de 25 au deg.
25   50   75   100   125
SCYTHIE
MER CASPIENNE
Tanais Fl.
Volga Fl.
Jaxarte Fl.
PONT EUXIN
Mont Caucase
COLCHIDE
IBERIE
ALBANIE
Madres
Tibarenes
Mardes
THRACE
Synope
PAPHLAGONIE
BYTHINIE
Mosques
SOGDIANE
Hellespont
ASIE
MYSIE
LYDIE
EOLIE
CARIE
ASIE MINEURE
CAPPADOCE
ARMENIE
ATROPATENE
Caspiens
Pausiques
HYRCANIE
Choronasiniens
SACES
XV.
Mataca
CILICIE
Tarse
SYRIE
MEDIE
PARTHIE
MARGIANE
XVI.
PAMPHYLIE
LYCIE
MESOPOTAMIE
Ninive
Ecbatane
Hecatompyle
BACTRIANE
XII.
I. de Chypre
MER
Euphrate Fl.
Ctesiphon
ARIE
PAROPAMISE
Alarodiens
DRANGIANE
XVIII.
MEDITERRANÉE
Biblos
Berythe
Sidon
Tyr
Damas
Babylone
Elymeeas
Khubens
SUSIANE
Ecbatane
Mantinéens
ARACHOSIE
XIX.
PALESTINE
Nuze
Uxiens
Persepolis
Désert de Caramanie
Cyrene
MEMPHIS
Petra
ARABIE
SUSIEN
CHALDEE
Persepolis
Pasagarde
PERSE
CARMANIE
VII.
Paricaniens
XVII.
Barca
L. Moeris
EGYPTE
ARABIE
PETRÉE
VI.
M. Sinai
Modiana
XIV.
Thamanée
Carmana
Ethiopiens
GEDROSIE
-Asiatiques
Harmose
Satagydes
Gandariens
Rambacia
ARABIE DESERTE
Thebes
GOLFE DE PERSE
Mer Rouge
MER ERYTHRÉE

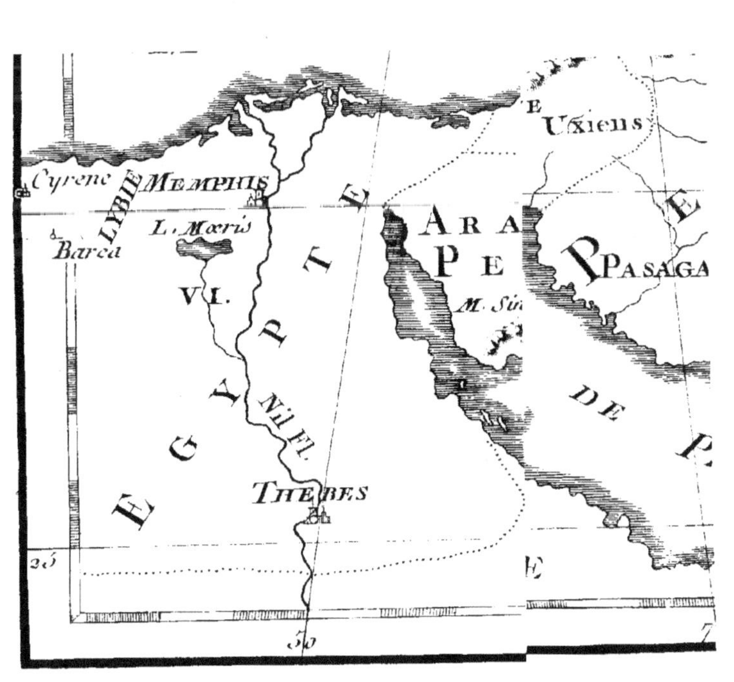
Cyrene
MEMPHIS
LYBIE
Barea
L. Mœris
VI.
EGYPTE
Nil Fl.
THEBES
E Uxiens
ARA
PE
M. Sin
PASAGA
DE P.
25
30

GUERRE AVEC LA PERSE.

BATAILLE DU GRANIQUE (a).

ALEXANDRE n'était point superstitieux, mais il avait besoin de la superstition de son siècle, pour renverser, avec trente mille hommes, le premier trône de l'Asie. Il alla à Delphes, afin de consulter l'Oracle sur son expédition. Le hasard voulut que le jour qu'il désigna, fût un de ces jours sinistres, où il est défendu, par les Prêtres, de consulter les Dieux, & la Pythie refusait de se rendre au temple.

(*a*) Il est inutile de répéter ici que nos guides principaux, pour l'histoire d'Alexandre, sont les sept Livres d'Arrien, la Vie de ce Prince par Plutarque, quelques morceaux de Quinte-Curce, le onzième Livre de Justin, & le dix-septième de Diodore.

Alexandre, dont l'ame ardente s'indignait de tous les obstacles, prit la Prêtresse par le bras, & la força de marcher devant lui. *O mon fils! s'écria-t-elle, je vois bien qu'on ne peut te résister.* — *Cet Oracle me suffit,* dit le héros, *& je renverserai le trône de Darius.*

L'armée destinée pour la conquête de la Perse, était, comme nous l'avons dit, de trente mille hommes de pied, & d'environ cinq mille chevaux. Alexandre, en la menant en Asie, n'avait pas de quoi la nourrir plus d'un mois, & il fut obligé d'emprunter deux cents talens pour sa solde.

Avant de se mettre en route, il veilla aux intérêts particuliers de tous ceux qui l'approchaient : comme il avait besoin de se les attacher, par des honneurs ou par des largesses, il donna à l'un une terre, à l'autre le revenu d'un village, à ceux qui étaient opulens, des titres qui pussent satisfaire leur vanité ; quand Perdiccas vit ainsi tous les revenus du domaine Royal aliénés, *Seigneur*, dit-il à Alexandre, *que réservez-vous donc pour vos Généraux? — L'espérance. — Eh bien, nous partagerons l'espérance d'Alexandre, puisque nous partageons ses travaux.* — Et il refusa le bienfait qui lui était destiné.

Antipater, pendant l'expédition de Perse, resta Vice-Roi de la Macédoine, & on lui donna, pour veiller à la sûreté des frontières, douze mille hommes de pied, & presqu'autant de chevaux.

Alexandre prit sa route vers Amphipolis, passa le Strymon près de son embouchure, ensuite l'Hèbre, & après vingt jours de marche, il arriva à Sestos, où il traversa l'Hellespont.

Le héros se présenta sous les murs de Lampsaque (*a*), ville qu'il haïssait, à cause de sa ligue avec Thèbes qu'il venait de détruire. La présence d'esprit d'Anaximène la sauva de ses fureurs : ce Philo-

____

(*a*) *Valer. Maxim.* lib 7, cap. 3.

fophe, très-confidéré autrefois de Philippe de Macédoine, avait été député auprès du conquérant, pour tâcher de le fléchir. Celui-ci, qui fe douta du motif de l'Ambaffade, prévint fa harangue, & fit ferment de ne point lui accorder ce qu'il demanderait. *Je viens*, dit Anaximène, *te demander le renverfement de Lampfaque.* Alexandre fourit d'un détour auffi ingénieux, & n'ofant enfreindre fon ferment, il leva le fiége, & conduifit fon armée fur les ruines de l'ancienne Troye.

On fe doute bien que l'admirateur d'Homère, fit des libations fur la tombe de tous les héros de l'Iliade. Après cet hommage rendu à la vertu guerrière, la feule dont il faifait cas, il parcourut les monumens qui reftaient encore de l'ancienne métropole de l'Afie mineure. Un habitant lui demanda s'il ferait curieux de voir la lyre de Pâris. » Je me foucie fort » peu, dit le Prince, de la lyre faible & » lâche du raviffeur d'Hélène ; montre- » moi celle avec laquelle Achille chan-

» tait les grands hommes dont il a effacé
» la gloire «.

Les Perfes attendaient les Macédoniens fur les bords du Granique, petite
rivière de la Phrygie ; les Hiftoriens
varient fingulièrement fur le nombre
de foldats qui compofaient leur armée ;
Juftin compte fix cents mille hommes
de pied ; Arrien les réduit à vingt
mille ; je penfe qu'il faut adopter le
calcul moyen de Diodore , qui fup-
pofe les Perfes , devant le Granique ,
au nombre de cent mille fantaffins &
de dix mille chevaux.

On délibéra, dans le confeil d'Alexandre, fi on tenterait le paffage du Granique , à la vue d'une armée quatre
fois plus nombreufe, campée fur l'autre
rivage. La plupart des Généraux furent
de l'avis de la prudence ; mais le
Héros , qui comptait à - la - fois fur
fon génie & fur fon étoile , déclara
qu'ayant franchi l'Hellefpont , il aurait à rougir , s'il s'arrêtait devant un

faible ruisseau , & il entra dans le Granique.

Les Macédoniens, qui avaient à lutter contre le courant du fleuve, qui se voyaient assaillis d'une grêle de traits qu'on leur lançait sans danger du haut de la plage , qui combattaient avec le désavantage du poste , plièrent d'abord , & furent mis en déroute ; Alexandre se jetta dans le fleuve, vint rallier ses troupes fugitives, & réussit enfin à gagner l'autre rivage.

Alors le combat recommence avec une nouvelle fureur ; Alexandre expose sa personne , comme le moindre soldat ; il va au milieu des escadrons des Perses , chercher Spithrobate , gendre de Darius , & le renverse à ses pieds d'un coup de lance ; le frère du Satrape veut le venger ; il décharge , sur la tête du héros , un coup de hache qui abat le panache de son casque , & pénètre jusqu'à ses cheveux. Au moment où il se prépare à redoubler , Clitus , d'un coup de cimeterre , lui coupe la main , & sauve ainsi la vie à son Roi. Cependant

le danger d'Alexandre donnait une nouvelle activité à la bravoure des Macédoniens ; ils réussirent enfin à faire plier
les Perses , & remportèrent la victoire.

On croit que les Généraux de Darius
perdirent , à cette action , vingt mille
hommes de pied , & deux mille cinq
cents chevaux. Pour Alexandre , il n'eut
que soixante cavaliers & trente fantassins
tués sur le champ de bataille ; le passage
du Granique lui avait coûté, auparavant,
vingt-cinq des plus braves soldats de sa
garde ; il fit ériger , à ces derniers , des
statues de bronze par le fameux Lysippe ,
le plus grand Sculpteur de l'antiquité,
après Praxitèle.

La victoire du Granique valut à Alexandre presque toute l'Asie mineure. Au
reste , ce héros méritait sa gloire ; en
prenant les villes , il leur laissait leurs
loix ; il semblait que c'était au despotisme , & non aux peuples, qu'il venait
donner des chaînes , & voilà la seule manière de conquérir qui trouverait grace

aux yeux du fage , fi les lauriers qu'on cueille ainfi, n'étaient pas arrofés du fang des hommes.

MALADIE D'ALEXANDRE.

BATAILLE D'ISSUS.

DARIUS ne s'endormit point sur les suites d'une guerre qui commençait sous des auspices aussi sinistres ; il fit fortifier toutes les places que menaçait le conquérant ; il ordonna des levées de troupes dans toutes les Satrapies, & prit toutes les mesures pour vaincre, ou pour s'ensevelir, avec gloire, sous les débris du trône.

Je regrette cependant que dans ces plans de défense, Darius ait fait entrer une perfidie ; on prétend qu'un Officier-Général de l'armée de Macédoine lui ayant proposé d'attenter à la vie d'Alexandre, il eut la faiblesse de promettre au traître, si le complot réussissait, mille talens d'or, & le Royaume du Prince qu'il aurait l'audace d'affaffiner. La trame fut découverte, & le Philofophe dès-lors prévit que le Monarque, qui confpirait au lieu de combattre, ne tarderait pas à être détrôné.

Au refte, par une bifarrerie fingulière d'évènemens, le hafard déconcertait les opérations les plus fages du confeil de Darius : Memnon, le feul de fes Généraux qui pût fe mefurer avec Alexandre, avait propofé de porter le théâtre de la guerre dans la Macédoine, afin d'affaiblir les forces du conquérant en les divifant. C'était la feule voie pour fauver l'Empire. Darius, contre l'ufage des defpotes, qui n'adoptent que les projets qu'ils imaginent, goûta celui de Memnon, & lui donna une flotte pour l'exécuter. Déja ce Satrape commençait fes ravages dans l'Archipel ; l'ifle de Chio était fubjuguée, la moitié de celle de Lesbos avait paffé fous la domination des Perfes, & la Grèce appellait à grands cris Alexandre, lorfque Memnon mourut devant Mytilène, dont il faifait le fiége ; cette mort fit avorter l'expédition de Darius.

Cependant Alexandre, à qui la victoire du Granique ouvrait les portes de l'Afie, continuait le cours de fes conquêtes ; il prit d'affaut Milet & Halicarnaffe, força Sardes à lui ouvrir fes portes, & n'eut befoin que de fe montrer, pour fubjuguer la Phrygie, la Pifidie, la Paphlagonie & la Cappadoce.

C'eft dans la métropole de la Phrygie, qu'arriva la fameufe avanture du nœud gordien ; Gordius, un des anciens Rois de cette contrée, avait laiffé, dans fon palais, un char, dont le joug était lié avec tant d'art, qu'il femblait impoffible d'en pénétrer le méchanifme. Alexandre apprenant qu'une tradition religieufe promettait l'empire de la terre, à celui qui délierait ce nœud célèbre, voulut montrer à fes foldats, que c'était lui que défignait l'Oracle, & après plufieurs tentatives inutiles, voyant que ce préfage finiftre les alarmait, tira son épée, & coupa le nœud qu'il ne pouvait délier. Le héros, en s'appliquant, dans un sens détourné, le nom d'invincible que lui avait donné la Pythie, avait déja prouvé qu'avec de l'esprit, on interprète, en sa faveur, tous les Oracles.

Alexandre, près d'entrer en Cilicie, apprit que le fameux défilé de ses montagnes n'était point occupé par les Perses, & il le traversa sans péril avec toute son armée. Il parut ensuite devant Tarse, au moment où le Satrape Arsame y mettait le feu, uniquement pour empêcher le vainqueur de s'enrichir de ses dépouilles. Politique atroce, mais conséquente dans un Gouvernement absolu, où le despote est tout, & où les peuples ne font rien. Le héros de Macédoine arriva à propos, pour empêcher les progrès de l'embrâsement.

Le Cydnus arrose de ses eaux limpides, mais froides, les remparts de Tarse ; Alexandre, arrivé sur ses bords, tout cou-

vert de fueur & de pouffière, fe dépouille
de fon armure, & fe jette dans le fleuve.
On était alors dans les ardeurs de la cani-
cule ; le paffage fubit d'un air embrâfé à
un élément froid. faifit le héros ; fa chaleur naturelle l'abandonne, il pâlit, &
on l'emporte fans connaiffance.

La maladie fit, en peu d'heures, les
progrès les plus violens ; cependant le
héros reprit peu-à-peu fes efprits ; mais
la fièvre ardente qui s'allumait dans fon
fang, ne lui donna une vigueur momen-
tanée, que pour aliéner fa raifon. Il eft
certain que cet évènement ne pouvait
arriver dans une circonftance plus critique ; Darius s'avançait à grands pas, &
n'avait plus que cinq jours de marche,
pour fe trouver en préfence des Macédoniens. Lorfqu'Alexandre apprit cette
nouvelle, l'amour de la gloire, dernier
principe de vie qui devait le quitter,
redonna quelqu'énergie à fon corps affaibli par la douleur ; il fit entrer fes Généraux dans fa tente, & leur déclara que fa

poſition ne demandant ni des remèdes lents ni des Médecins timides, il était déterminé à tenter tous les moyens d'accélérer, ou ſa mort ou ſa guériſon. On lui repréſenta le danger de pareils eſſais; mais le héros, qui ſongeait moins à vivre qu'à combattre, déclara, d'un ton abſolu, qu'il ne voulait point de repréſentations; & ſes meilleurs amis l'abandonnèrent à ſa deſtinée.

Le Médecin Philippe, un des plus expérimentés de la Grèce, était alors dans le camp. il aimait tendrement Alexandre qu'il avait vu naître, & perſuadé qu'un remède violent pouvait amener la criſe de la nature, il propoſa d'en compoſer un, qui remplirait l'attente du Roi. Pendant qu'il y travaillait, arrive une lettre de Parménion, portant en ſubſtance, que la vie du héros eſt en danger, ſi on la confie à Philippe, parce que Darius a corrompu la fidélité de ce Médecin, en lui donnant mille talens, & en lui promettant ſa ſœur en mariage.

Alexandre lit cette lettre avec inquié-
tude, éprouve quelque tems toutes les
angoisses de la perplexité, & décidé ensuite à mourir, plutôt par le crime d'un
ami, que par les remords d'une injuste dé-
fiance, il appose son cachet à l'écrit de
Parménion, & le place sous le chevet
de son lit, pour en faire l'usage que lui
dicte sa grandeur d'ame.

Philippe entre bientôt dans la tente,
tenant à la main le breuvage violent qu'il
avait préparé. Alexandre se soulève à
demi, présente, d'une main la lettre de
Parménion, & de l'autre prenant la coupe,
l'avale d'un seul trait. Pendant la lecture,
le Roi chercha, sur le visage de son Médecin, quelqu'indice des mouvemens qui
se passaient dans son ame; mais il y vit
plus d'indignation que d'effroi. Celui-ci,
après l'avoir parcourue, la jetta avec dédain: *Mon cœur est pur,* dit-il, *& j'espère
que la guérison de mon Roi, me justifiera
du soupçon de régicide.*

La noble confiance d'Alexandre, qui

boit la coupe de Philippe, avant d'entendre son apologie, est un des plus beaux traits de la vie de ce Prince; elle prouve que cette ame, toute altérée qu'elle paraissait d'une gloire meurtrière, connaissait les jouissances de l'amitié. Au reste, le héros ne fut point la victime de sa courageuse sécurité; la crise amenée par le remède de Philippe, eut l'effet le plus heureux, & trois jours après, le Prince, hors de péril, se montra à son armée.

Sur ces entrefaites, Darius, décidé à commander son armée en personne, s'était rendu dans la Chaldée, & y avait passé ses soldats en revue; les Perses, en comprenant les troupes auxiliaires, se trouvèrent au nombre de cinq cents mille hommes.

Cette revue donna un moment de fierté au despote; il sourit de pitié sur les trente mille soldats d'Alexandre; & le transfuge Grec Charidème, pour le ramener à la raison, ayant osé lui parler, avec toute la franchise Spartiate, nouveau

Xerxès, il l'envoya au supplice ; au reste, l'ordre fatal était à peine exécuté, que Darius, revenu à lui-même, eut les remords les plus violens, & le courage qu'il eut de se déclarer coupable d'un homicide, l'en justifie, peut-être, aux yeux de la postérité.

L'armée des Perses eut ordre, le lendemain, de s'approcher de l'Euphrate ; Quinte-Curce nous a conservé l'ordre avec lequel elle défilait ; on croit voir une pompe triomphale, plutôt qu'une marche militaire, & sur cette marche seule, il était aisé de pressentir que l'armée de Darius serait battue.

Pendant que Darius faisait défiler son armée de théâtre dans les plaines de la Chaldée, Alexandre faisait saisir, par ses guerriers couverts de fer, les défilés de la Cilicie. C'est dans les gorges des rochers de cette dernière province, & non loin de la petite ville d'Issus, que les Perses & les Macédoniens se rencontrèrent ; le champ de bataille était borné, d'un côté par la mer, & de l'autre par une chaîne de montagnes.

Le combat fut très-fanglant, à caufe des trente mille Grecs de troupes auxiliaires que Darius avait à fa folde, & qui fervaient de contrepoids à la phalange du Roi de Macédoine. Alexandre y fit des prodiges de valeur. Il fe jetta, avec quelques cohortes d'élite, au centre de l'armée, & s'attacha à la perfonne de Darius. Les chevaux qui traînaient fon char, percés de coups, fe cabrèrent, & le Monarque, pour ne pas tomber vif entre les mains des Macédoniens, fut obligé de s'élancer fur le char d'un de fes Satrapes ; ce moment de terreur fut le fignal de la déroute ; la cavalerie Perfe s'ouvrit, les Grecs cédèrent à la phalange, & on vit les cinq cents mille foldats de Darius, pourfuivis par les trente mille guerriers d'Alexandre.

Il y avait eu peu de fang répandu dans la mêlée ; mais le carnage fut horrible dans la déroute ; les Perfes y perdirent, à ce

qu'on prétend, plus de cent mille hommes
de pied, & dix mille chevaux.

Le jour même de la bataille, le camp
de Darius fut pillé, & on fit prisonniers
Syſigambis, mère de Darius, avec la
femme de ce Monarque, ſon fils & ſes
deux filles. Alexandre n'était point à cette
expédition, auſſi les ſoldats ſe permirent
des déſordres que la préſence de leur Roi
aurait ou prévenus, ou réprimés. Le tableau
qu'en fait Diodore, eſt bien capable d'é-
mouvoir les ames ſenſibles, & je ne puis
réſiſter au plaiſir de le tranſcrire. (a).

„ On reſpecta la famille du Roi ; il
„ n'en fut pas de même des femmes des
„ Satrapes ; ces beautés orgueilleuſes ,
„ naguères, traînées mollement ſur des
„ chars magnifiques, où elles ſe trouvaient
„ à peine à leur aiſe, & couvertes de
„ robes ſuperbes qui voilaient leurs char-

____

(a) *Hiſtor. Univerſ.* lib. 17 , parag. 6 ; je
ſuis, autant que le goût peut le permettre, la
traduction de l'Abbé Terraſſon.

» mes, réduites maintenant à une simple
» tunique, qu'elle déchiraient encore dans
» leur désespoir, étaient poussées hors
» de leurs tentes, implorant les dieux &
» embrassant les genoux du soldat, qui
» feignait de ne pas les entendre; on
» vit des Macédoniens mettre la main
» sur elles, pour leur arracher l'or de leur
» parure & leurs pierreries; d'autres les
» traînaient par les cheveux pour les dé-
» pouiller; quelques-uns, enfin, plus
» féroces, déchiraient les robes légères
» dont elles étaient à peine vêtues, &
» punissaient leur résistance, en frappant,
» avec la pointe de leurs piques, les par-
» ties de leur corps qu'ils avaient mises
» à découvert; en un mot, on vit, dans
» le pillage du camp de Darius, toute
» l'insolence qui triomphe d'une part,
» & tout ce que l'infortune, portée de
» l'autre à son dernier période, peuvent
» faire voir de désolation & d'inhuma-
» nité «.

La famille du Roi de Perse ayant été

conduite à Alexandre, ce héros ordonna qu'on la traitât avec toute la distinction dûe à son rang & à sa naissance; mais les Princesses, qui ne connaissaient que les mœurs barbares de leur pays, ne se rassurèrent point, elles s'imaginèrent, au contraire, que le vainqueur parait ses victimes pour les égorger.

L'indiscrétion d'un Eunuque augmenta encore la terreur des captives; il avait vu le manteau royal entre les mains d'un Macédonien, & trompé par ces frivoles indices, il avait annoncé, aux Princesses, la mort de Darius.

Tout-à-coup des cris lamentables se firent entendre dans la tente des Reines. Alexandre, informé des motifs de leur désespoir, envoya les rassurer. L'Officier, chargé de cet ordre, prit avec lui quelques soldats, se présenta à l'entrée du pavillon, & demanda à parler aux captives au nom du Roi. Quand les Eunuques virent arriver des Macédoniens armés, ils allèrent, pleins d'effroi, annoncer à leurs maitreſſes qu'il fallait mourir. Le tumulte alors fit place à un long ſilence ; cependant l'Officier voyant qu'on ne lui rendait point réponſe, entra dans la tente. Syſigambis & la Reine ſa fille ſe jettèrent à ſes pieds, & le prièrent, avant de les faire mourir, de leur permettre de rendre les devoirs funèbres au cadàvre de Darius. Le Macédonien eut beaucoup de peine à faire entendre à ces Princeſſes, que le Roi de Perſe vivait encore, & que loin d'attenter lui-même à ſes jours, il venait les aſſurer que tous les honneurs qu'elles recevaient dans leur palais de Suze, elles en jouiraient dans le camp d'Alexandre.

Le lendemain, les captives reçurent la viſite du conquérant lui-même. Ce Prince entra dans la tente, accompagné du ſeul Epheſtion ; comme ce héros & ſon ami étaient du même âge & portaient la même armure, Syſigambis jugea que le Roi devait être celui qui avait la taille la plus majeſtueuſe, & elle embraſſa les genoux

d'Epheſtion. Un Eunuque lui fit appercevoir ſon erreur ; alors Alexandre, en la
relevant , lui dit ce mot mémorable ,
parce qu'il ſort de la bouche d'un Roi :
*Non, ma mère, vous ne vous êtes point
trompée, & mon ami eſt auſſi Alexandre.*

Le conquérant combla enſuite d'amitié chacune de ſes captives ; il prit, entre
ſes bras, le jeune enfant de Darius, qui
entrait dans la fleur de l'adoleſcence , &
verſa quelques larmes, quand il s'en vit
embraſſé. La femme & les filles du Roi
de Perſe, étaient les beautés les plus ac-
complies de l'Orient ; mais un intérêt
trop tendre ne lui ôta point le mérite de
ſa généroſité ; il ne les vit qu'une fois, &
cette ame , livréc toute entière à la paſ-
ſion de la gloire, ne trouva pas même
de mérite, à avoir triomphé des piéges
de l'amour.

Alexandre , après avoir érigé à Iſſus ,
des monumens de ſa victoire , prit le
chemin de Damas , où on lui avait appris que Darius avait renfermé ſes tré-

fors ; il n'eut pas befoin, pour s'en emparer, de faire le fiége de la place, le Gouverneur perfide les livra à Parménion ; ce Général, outre cela, fit trente mille prifonniers, parmi lefquels étaient la veuve & les trois filles d'Ochus. Le Serrail de Darius, qui avait cherché un afyle dans les remparts de Damas, fubit le même fort, & on prit 492 Officiers de bouche de ce Prince, & 329 de fes concubines.

La bataille d'Iffus fut donnée l'an 1249 de l'Ere de Paros, qui répond à la quatrième année de la cent onzième Olympiade.

CONQUÊTES D'ALEXANDRE.

S I É G E   D E   T Y R.

CEPENDANT Darius, vaincu, errant dans ses vastes États, privé d'une famille qui lui était chère, ne succomba point à sa mauvaise fortune ; il écrivit, au sujet de la rançon de sa famille, une lettre pleine de fierté à son vainqueur, où il ne lui donnait pas même le titre de Roi. Alexandre eut la faiblesse d'en être blessé, & il termina ainsi sa réponse : *Je te conseille, Darius, de mettre moins d'orgueil dans tes lettres, & de te souvenir, en m'écrivant, que tu écris, non-seulement à un Roi, mais à ton Roi.*

Darius, dont le jugement était sain, quand ses adulateurs ne cherchaient pas à le dépraver, reconnut bientôt que si la hauteur eft déplacée dans un ennemi victorieux, elle eft abfurde dans un ennemi vaincu; il écrivit donc de nouveau à Alexandre, en lui donnant le titre de Roi : fes offres prouvaient la terreur que le conquérant commençait à lui infpirer; il promettait au Prince Macédonien trois mille talens d'or, ou 162,500,000 livres de notre monnaie, pour la rançon de fa famille, Statyra fa fille en mariage, & la fouveraineté de tout le pays qui s'étendait de l'Hellefpont jufqa'à l'Euphrate Alexandre demanda l'avis de fon Confeil. Parménion dit : j'accepterais les offres de Darius, fi j'étais Alexandre; & moi auffi, reprit Alexandre, fi j'étais Parménion : réponfe tout-à-fait dans le caractère du Héros, qui demandait à Jupiter de créer des mondes, afin qu'il pût les fubjuguer. Mais pourquoi interroger Parménion, quand on s'eft propofé de n'être en rien de l'avis de Parménion ?

Alexandre, réfolu à ne terminer la

guerre de Perſe que par le détrônement
de Darius, continua le cours de ſes conquêtes; l'iſle de Chypre effrayée, n'attendit pas que ſa flotte ſe montrât ſur ſes
parages, pour recevoir ſon joug & ſes
loix; Sidon, une des métropoles de la
Phénicie, ſuivit le même exemple, &
comme le héros était mécontent de Straton, qui gouvernait cette ville, il permit
à Epheſtion ſon favori, de placer, ſur
ſon trône, celui des citoyens qu'il en ju-
gerait le plus digne; cette condeſcen-
dance, qui conduiſit au choix du vertueux Abdolonyme, eſt un des traits les
plus mémorables de la vie d'Alexandre.

Epheſtion, égoïſte comme tous les favoris des Rois, jugea, d'abord, que deux
frères, chez qui il logeait, & qui lui avaient
fait l'accueil le plus obligeant, étaient les
ſeuls Sidoniens dignes de régner, & il les
nomma : heureuſement, pour la mémoire
d'Alexandre, ces deux frères ſe trouvèrent
de grands hommes; ils repréſentèrent que,
ſuivant leurs loix, il fallait être du ſang

royal, pour les gouverner, & ils refusèrent la couronne. Epheſtion, étonné de trouver, parmi des barbares, une vertu à laquelle lui-même ne pouvait atteindre, déféra, aux deux frères, le droit de nommer un ſucceſſeur à Straton, & ceux-ci lui déſignèrent un Abdolonyme, deſcendu de la tige royale, mais réduit à une indigence ſi profonde, qu'il était obligé de cultiver de ſes mains, pour un modique ſalaire, un jardin qui ne lui appartenait pas. Epheſtion & ſes hôtes ſe rendent auprès d'Abdolonyme, le trouvent arrachant, de ſes plates-bandes, des herbes paraſites, & le ſaluent, en qualité de Roi de Sidon. Le Roi Jardinier crut d'abord qu'on ſe jouait de lui, & fit ſentir qu'on devait quelque reſpect à ſa vertueuſe pauvreté; mais les acclamations du peuple le déſabusèrent bientôt; il ſe laiſſa ceindre du diadême, & parut devant Alexandre.

Abdolonyme avait un air de dignité répandu ſur toute ſa perſonne, que la vie pénible de l'indigence, n'avait pu effacer ; le conquérant en fut frappé : *Tu ne démens point, lui dit-il, le sang dont tu es sorti ; mais comment as-tu supporté le fardeau de ta longue misère? Puissai-je,* répartit Abdolonyme, *supporter de même le fardeau de la grandeur dont tu m'as revêtu!* Cette réponse donna à Alexandre une haute idée de la vertu de ce Sidonien, & il confirma le choix des amis d'Epheſtion.

Il ne reſtait plus que Tyr, qui défendît encore l'indépendance de la Phénicie. Alexandre ſe préſenta, avec ſon armée victorieuſe, &, ce qui ſervait encore mieux ſon ambition, avec ſa renommée, devant les remparts de cette ville ſuperbe. Le Roi Azelmic, qui la gouvernait, ſe conduiſit d'abord avec une prudence conſommée ; il envoya, au héros, des Ambaſſadeurs, avec une couronne d'or pour lui, & des vivres en abondance pour toute ſon armée ; Alexandre ne dédaigna pas ces préſens ; mais il déclara aux Tyriens, qu'il voulait entrer dans leur ville, pour offrir un ſacrifice à Hercule, dont les Rois fes ayeux faifaient gloire de defcendre. Une telle généalogie parut un peu fufpecte aux Ambaffadeurs; ils ne purent fe perfuader qu'un Prince, qui demandait à Jupiter des mondes nouveaux pour les conquérir, introduit une fois avec fon armée au milieu d'une ville puiffante, fe contentât d'y offrir un facrifice à Hercule : ainfi, ils n'entrèrent point dans les vues d'Alexandre. Le conquérant, furieux, fans doute, de fe voir deviné, répondit que ce ferait, l'épée à la main, qu'il irait faire fon facrifice, & que le fang des Tyriens ruiffelerait fur l'autel d'Hercule, avec celui des victimes.

Il n'y avait que le fuccès qui pût juftifier la menace audacieufe d'Alexandre; Tyr ne pouvait être affiégée par une armée de terre, qu'en l'uniffant à l'ancienne ville de Paletyr, par un mole conftruit au milieu de la mer, & le projet de ce mole femblait prefqu'auffi extravagant, que l'idée de tailler le mont Athos en ftatue. Le bras de mer qui féparait Tyr du continent, avait alors quatre stades, & il était très dangereux, même aux navigateurs, de le traverser, à cause d'un vent impétueux du couchant qui soufflait sans cesse, dans la direction du détroit. Toutes les chauffées que les Rois de Tyr avaient construites, dans l'intervalle de plusieurs siècles, n'avaient laissé aucune trace; soit que l'eau, en s'insinuant entre les pilotis, eût miné lentement l'ouvrage, soit que les flots amoncelés l'eussent brisé avec violence.

Le mole même achevé, la place restait encore inexpugnable; car les remparts, étaient baignés par la mer. & on ne pouvait ni dresser des batteries pour y faire brèche, ni placer des échelles pour les escalader.

Tant de difficultés auraient arrêté un guerrier ordinaire; mais le génie d'Alexandre était fait pour s'irriter des obstacles, & pour les vaincre. Il commença donc le siége de Tyr, bien résolu à mesurer l'éclat de sa destruction, sur l'opiniâtreté qu'elle mettrait à arrêter le cours de ses conquêtes.

Son premier acte d'hostilité fut le renversement de Paletyr ; il en fit servir les décombres, à former la chaussée qui devait unir l'isle de Tyr à la terre-ferme.

Cependant les Généraux Macédoniens, dont la tête plus froide calculait du moins le prix du tems, si elle n'appréciait pas la perte des hommes, représentèrent à Alexandre, que pour peu que le siége traînât en longueur, Darius en profiterait pour réparer ses désastres, & que peut-être la prise de Tyr lui coûterait la couronne de Perse ; le Roi ébranlé, & non convaincu, envoya aux Tyriens des hérauts, pour leur offrir la paix ; mais ceux-ci les massacrèrent de sang froid, & jettèrent leurs corps sanglans, du haut de leurs tours, dans la mer. Ce crime inutile, même dans ce renversement des droits de la nature, qu'on appelle droit de la guerre, a fait rejaillir un opprobre éternel sur la mémoire des Tyriens, & rendu moins odieux le héros qui les a ensévelis sous les ruines de leur patrie.

Alexandre, inftruit du maffacre des Miniftres de paix qu'il avait envoyés à Tyr, jure de les venger, & fait les apprêts du fiége avec la plus grande activité. Il ordonne qu'on abatte les plus hauts cèdres du Liban, pour conftruire des navires & des tours, & fait fabriquer, dans les villes voifines, des catapultes, & d'autres machines de guerre, deftinées à battre les remparts.

La conftruction du mole eft, de toutes fes opérations militaires, celle qui fixe le plus fes regards; auffi c'était celle qu'il lui était le plus difficile de terminer à fa gloire. Dès que fes ordres furent donnés pour combler le détroit, l'armée fit éclater fes murmures. Le foldat s'approchait des rochers qui bordaient le rivage, mefurait des yeux la profondeur des eaux, & reculait d'effroi; le conquérant prit tout-à-coup ce ton d'infpiré, dont les Cromwel & les Mahomet firent, dans la suite, tant d'usage, pour subjuguer les ames faibles : » Cessez de craindre, » s'écria-t il ; les cieux, cette nuit, se sont » ouverts devant moi, j'ai vu le Héros, » qui, en séparant, de ses mains immor- » telles, Calpe d'Abyla, réunit les deux » mers ; il me tendait les mains, me » montrait l'Océan subjugué par ma » brave phalange, & m'ouvrait les por- » tes de Tyr. Travaillez avec courage, les » vents vont s'appaiser, les flots vont » s'applanir, & la Phénicie entière est à » vous «.

Les Macédoniens, quoiqu'au siècle philosophique de Périclès, étaient aussi peuple que les anciens sauvages de la Tauride ; ils crurent que la main d'Hercule leur ouvrirait les portes de Tyr, encore plus sûrement que leur épée, & sur la foi de son oracle, interprété par Alexandre, ils se mirent, avec ardeur, à combler le droit. Déja, dit Quinte Curce, l'ouvrage s'élevait à la hauteur d'une montagne, cependant il n'était pas encore à fleur d'eau. Plus on s'éloignait du rivage , plus la mer se trouvait profonde , & engloutissait de matériaux dans ses abîmes ; mais les soldats , animés par la présence de leur Roi , comblaient le détroit sans en mesurer la profondeur ; on aurait dit , à voir leur courageuse gaité , au milieu des plus pénibles travaux , qu'ils étaient aussi sûrs de vaincre la mer , que les legions énervées de Darius.

Le mole s'acheva , & cependant le siége n'avançait pas. Alexandre , dont le génie actif & inquiet ne pouvait descendre aux opérations longues & minutieuses qu'entraîne un blocus , laissa à Cratère & à Perdiccas le commandement de ses armées , & , à la tête d'un camp volant , se rendit en Arabie ; son objet était de réprimer les brigandages de quelques tribus errantes de cette contrée , qui venaient de tems en tems troubler les coupes de cèdres , que les Macédoniens faisaient dans l'Anti - liban ; dès qu'il parut sur les frontières de l'Arabie , les brigands se retirèrent dans l'intérieur du pays, & le héros n'ayant plus d'hommes armés à combattre, revint en Phénicie.

Les Tyriens, dans l'intervalle, ne s'étaient point endormis sur les opérations du siége. Instruits de l'absence du héros de la Macédoine, ils redoublèrent d'effort pour ruiner les travaux du mole ; ils chargèrent d'un poids énorme la pouppe d'un vaisseau de guerre, afin que le côté de la proue fût plus élevé, & après avoir enduit le corps du bâtiment, de poix, de soufre & de bitume, ils le lancèrent à la mer ; à peine touchait-il à la pointe de la digue, que ceux qui le montaient y mirent le feu, & se sauvèrent dans leurs chaloupes. Le vaisseau embrasé communiqua l'incendie aux tours, & en peu de momens, ces forteresses, destinées à protéger les constructeurs du mole, furent réduites en cendre.

Ce désastre fut bientôt suivi d'un autre. Ce vent terrible du couchant, que les Tyriens appellaient depuis long-tems par

leurs vœux, fouffla enfin avec violence.
Les vagues amoncelées, heurtèrent contre
le centre du mole, féparèrent les pierres
mal unies, qui formaient le maffif, &,
quand une fois une partie de la chauffée
fut entr'ouverte, le refte fondit comme
dans un abyme.

Alexandre arriva, quand fa digue n'exif-
tait plus ; Xerxès, dans une circonftance
pareille, avait enchaîné une feconde fois
l'Hellefpont, par un pont de bateaux. Le
héros Macédonien, auffi entier dans fes
projets que les defpotes, ordonna, à fes
Architeĉtes, une nouvelle chauffée. Ceux-
ci jettèrent des cèdres tout entiers avec
leurs branches dans la mer, pour rompre
l'effort des vagues, &, à l'abri de ce rempart, ils reprirent leur travail. On donna
auffi une plus grande furface au mole,
afin que les tours élevées au centre, fe
trouvâffent hors de la portée des flèches.

Les affiégés, de leur côté, ne s'endor-
mirent pas ; ils envoyaient des plongeurs
adroits, qui s'élançaient dans la mer, loin

de la vue de l'ennemi, nageaient entre deux eaux, & arrivés au pied de la levée, tiraient, avec des crocs, les branches qui donnaient le plus de prife, ou bien liaient le tronc d'un arbre avec des cordages, & remontés fur leurs chaloupes, ramaient avec force, pour l'entraîner avec la partie du mole à qui il fervait de bafe.

Tous ces ftratagêmes furent inutiles; l'étoile d'Alexandre prévalut, & enfin, grace au filence des vents, la digue fut achevée.

Les vaiffeaux que les Puiffances auxiliaires envoyèrent au Roi de Macédoine, accélérèrent encore fa conquête. Quand il vit qu'il dominait à-la-fois fur la mer & fur le continent, fier de cette double fupériorité, il fit donner l'affaut à la place; en peu de tems, les machines de guerre, pofées à l'extrémité du mole, renversèrent les murs de Tyr dans la longueur d'un arpent, & déja le conquérant fe croyait maître de fa proie, quand un orage, qui furvint tout-à-coup, trahit fon efpoir, &

le força de mettre un nouveau délai à sa vengeance.

Alexandre, quand la tempête cessa, & que les forces de ses soldats furent réparées, fit donner un second assaut à la place ; mais les Tyriens, qui s'y étaient attendus, surent, à force d'industrie & de bravoure, le rendre inutile ; il est probable qu'ils avaient, parmi eux, des Archimèdes, qui imaginaient des machines de destruction, pour seconder la valeur, ou pour y suppléer. L'usage ingénieux qu'on en fit, rendit le siége de Tyr, aussi mémorable que celui de Syracuse.

Ces Archimèdes de la Phénicie, forgèrent d'abord de longs tridens de fer, avec lesquels ils blessaient les soldats Macédoniens, jusques sur les créneaux de leurs tours ; ils adaptaient à ces tridens, des filets, qui leur servaient à envelopper l'ennemi, & à le tirer sur leurs remparts. Le soldat, arrêté dans ce piége, était contraint de se dépouiller de son armure, & de demeurer nud, exposé à l'atteinte des dards, ou si le préjugé de l'honneur le forçait à garder ses armes, il ne pouvait se dérober à l'esclavage, qu'en se précipitant du haut de la tour, qu'il n'était plus à portée de défendre.

Quant aux traits des ennemis, les Tyriens les rendaient inutiles, en plaçant, sur leurs remparts, des roues de marbre toujours en mouvement, qui les écartaient ou à droite ou à gauche, & souvent les faisaient rebondir contre le soldat qui les avait lancés.

Si les Macédoniens, surmontant tant d'obstacles, paraissaient au haut des murs, l'Artiste dirigeait ses machines contre les plus apparens ; tantôt un rocher, lancé des catapultes, les renversait du haut de la brèche, tantôt une main de fer, dirigée par un fil invisible, les enlevait avec leur armure ; la mort se présentait, aux yeux des assiégeans, sous toutes sortes de formes, & ils la subissaient, sans pouvoir se venger, ni même se défendre.

La plus terrible des découvertes meurtrières des Tyriens, était celle du sable qu'ils faisaient rougir à grand feu, & dont ils remplissaient des espèces d'urnes d'airain, qu'ils laissaient tomber sur la tête des assaillans. Le soldat, dans le mouvement qu'il faisait, pour se débarrasser de ces urnes fatales, laissait glisser le sable embrâsé dans les défauts de son armure, & périssait, dans des tourmens aussi affreux, que si on l'eût attaché à la statue du Saturne de Carthage.

Quand les Macédoniens eurent lutté long-tems, avec leur valeur naturelle, contre les ennemis invisibles dont ils étaient environnés, Alexandre, pour ne pas augmenter le triomphe des Tyriens, fit sonner la retraite.

De retour dans sa tente, & tout entier à ses sombres réflexions, le Roi de Macédoine délibéra un moment s'il ne leverait pas le siége de Tyr, pour aller faire la conquête de l'Egypte ; mais la crainte que sa gloire ne parvînt pas sans ombre aux générations futures, arrêta cette ame

superbe , & il réfolut de tenter un troi-
fième affaut.

Les Macédoniens s'étant repofés pendant deux jours , Alexandre fit dreffer
toutes les machines , ranger en bataille
tous les vaiffeaux , & attaquer à-la fois
Tyr par mer & par terre. On cite de
ce Prince , à cet affaut , des traits de valeur , qui ne font devenus vraifemblables ,
que depuis que nous les avons vu renou-
vellés par Charles XII. Il monta , dit
Diodore , au haut d'une tour , pofée
fur une de fes galères , ordonna qu'on
jettât le pont-levis , & fe préfenta feul
fur les remparts de Tyr , renverfant , avec
fa lance & fon épée , tout ce qui s'oppofait à fon paffage ; les Macédoniens ,
qui virent le danger de leur Roi , efca-
ladèrent alors les murs de toutes parts ;
pendant ce tems-là , le bélier abattait les
défenfes de la place , les foldats montaient
fur la brèche , la flotte forçait les barrières
du port , & enfin la ville tomba au pouvoir
d'Alexandre.

Les Tyriens, quoique fans reffources, luttèrent encore long-tems contre leur deftinée ; la plupart montèrent fur les terraffes de leurs maifons, & firent pleuvoir une grêle de pierres fur les foldats du conquérant ; quelques-uns fe traînèrent, bleffés, près de leurs Dieux domeftiques, & s'y poignardèrent ; d'autres fe jettèrent fur la phalange Macédonienne, & fe délivrèrent d'une vie importune, en l'ôtant à leurs vainqueurs.

Alexandre, maître de Tyr, pouvait être généreux fans danger : il ne le fut point. Furieux de s'être vu arrêté fept mois au pied de fes remparts, il laiffa dormir fa grandeur d'ame, & tira, d'une réfiftance généreufe, la vengeance petite & cruelle qu'en aurait tirée la vanité humiliée des Xerxès & des Cyrus.

Le conquérant ordonna qu'on paffât, au fil de l'épée, tous les citoyens, à la réferve de ceux qui s'étaient réfugiés dans les temples, & qu'on mît le feu aux édifices; cet édit atroce fut publié à son de trompe; mais aucun des Tyriens, capable de porter les armes, ne voulut se prévaloir du privilége des asyles. Les temples ne se trouvèrent remplis que d'enfans, de vierges & de vieillards; pour les citoyens capables de se défendre, ils se tinrent à l'entrée de leurs maisons, comme des victimes sous le couteau des Prêtres, attendant le moment d'être immolés.

Heureusement pour la mémoire d'Alexandre, son édit horrible n'eut pas tout son effet; il y avait, dans son armée, un grand nombre de Sidoniens, qui, respectant le malheur d'un peuple dont ils partageaient l'origine, au lieu d'égorger de sang-froid les Tyriens qui s'offraient d'eux-mêmes à leurs coups, les menèrent, en secret, sur leurs vaisseaux, & les transportèrent à Sidon; quinze mille hommes échappèrent ainsi à la fureur d'Alexandre.

On ne peut calculer, avec précifion, le nombre d'hommes qui périrent dans le fac de Tyr, parce que la plume officieufe des admirateurs d'Alexandre, a couvert d'un voile épais les détails du carnage, exécuté en vertu de fon édit; mais on fait qu'au moins fix mille Tyriens furent tués fur leurs remparts, & que deux mille hommes, échappés au maffacre, parce que les Macédoniens étaient las de tuer, furent conduits fur le rivage de la mer, & crucifiés par l'ordre du héros, yvre de gloire & de fang, qui fe difait le rival d'Achille, & le fils de Jupiter.

Quand le fang des Tyriens ne ruiffela plus dans les places publiques, quand les vautours eurent dévoré les reftes des deux mille guerriers morts fur une croix, quand l'incendie des édifices publics fut arrêté, Alexandre remplit le vœu qu'il avait fait au commencement du fiége, & offrit fon facrifice à Hercule.

Le fiége de Tyr avait duré fept mois;

fon défaftre arriva l'an 1250 de l'Ere de Paros, qui répond à la première année de la cent douzième Olympiade.

RÉCIT SUSPECT

SUR

LA SOUMISSION DE LA PALESTINE.

EXPÉDITION EN EGYPTE.

ALEXANDRE, maître de la Syrie & de la Phénicie, voulut, dit-on, punir Jérusalem, de ce qu'elle ne voulait pas rompre le serment de fidélité qu'elle avait fait à Darius, & se mit en marche, pour lui faire partager le désastre de Tyr. Cet évènement a donné lieu à une foule de merveilles, rapportées par Joséphe, mais que la raison peut se permettre de contredire, parce que le récit de cet Historien ne se concilie ni avec la Bible, ni avec la chronologie du beau siècle d'Alexandre.

Les Ecrivains sacrés des Juifs, les seuls

dont la Philofophie ne doit pas fe permettre de mettre l'autorité dans fes balances, gardent le filence le plus abfolu
fur les conquêtes d'Alexandre; à leur défaut, Jofephe, qui a intérêt de lier l'hiftoire de fa Nation avec celle des Grecs,
s'exprime ainfi, dans le livre onzième de
fes *Antiquités* (a)

» L'illuftre conquérant, maître de
» Tyr, s'avança vers Jérufalem; alors le
» Grand Prêtre Jadduah, qui favait quelle
» était fa colère contre lui, fe voyant,
» avec tout fon peuple, dans un péril
» éminent, monta à l'autel, & y offrit
» de pompeux facrifices; Dieu, la nuit
» fuivante, lui apparut en fonge, & lui
» dit d'aller, avec fes habits pontificaux,
» au-devant d'Alexandre, fans rien ap-
» préhender de ce Prince, parce que fon
» bras puiffant le protégerait : cette révé-

(a) Je me fers prefque toujours de l'élégante
traduction d'Arnaud d'Andilly, édition in-folio
de Pierre Lepetit, tome 1, pag. 415.

» lation le remplit de joie, & Jérusalem
» entière, partagea sa confiance.

» Cependant les Phéniciens & les
» Chaldéens qui étaient dans l'armée
» d'Alexandre, s'attendaient à saccager
» la capitale de la Palestine, & à voir
» Jadduah conduit au supplice. Mais le
» contraire arriva ; le conquérant n'eut
» pas plutôt apperçu, au milieu des Mini-
» tres des autels, le Grand Prêtre avec
» son éphod d'azur, enrichi d'or, & sa
» thiare, où brillait une lame d'or, sur
» laquelle le nom de Dieu était écrit,
» qu'il s'approcha avec respect, adora ce
» nom auguste, & salua le vieillard vé-
» nérable, auquel personne n'avait encore
» rendu le plus léger hommage.

» Parménion, étonné, demande à
» Alexandre, comment lui, que tout le
» monde adorait, s'abaissait à rendre un
» culte au Grand Prêtre de la Palestine.
» *Ce n'est pas Jadduah que j'adore*, ré-
» pond le conquérant, *c'est le Dieu dont*
» *il est le Ministre. Je me souviens qu'étant*

» encore en Macédoine, & roulant dans
» mon esprit le projet de la conquête de
» l'Asie, cet interprète de la Divinité
» m'apparut en songe, m'exhorta à passer
» le détroit de l'Hellespont, & m'assura
» que je régnerais en Perse. Jadduah, au-
» jourd'hui, vient à moi, vêtu du même
» habit que, depuis ma vision, je n'avais
» encore vu à personne, & je ne puis
» douter, que le Dieu, dont il est le Mi-
» nistre, devenu mon protecteur dans toutes
» mes entreprises, ne mette un jour à mes
» pieds le trône de Darius.

» Alexandre, après cette réponse, em-
» brasse le Grand-Prêtre, entre avec lui
» dans Jérusalem, monte au temple, &
» offre à Dieu des sacrifices. Ensuite,
» il assemble le peuple, & lui déclare
» qu'il lui permet de vivre suivant les
» loix de ses pères, se contentant d'un
» léger tribut, dont le peuple de Dieu
» serait même exempté l'année Sabbati-
» que : voilà ce qu'Alexandre exécuta en
» Palestine «.

Nous obſerverons d'abord qu'aucun des Hiſtoriens d'Alexandre ne fait la plus légère mention de ce voyage à Jéruſalem ; Arrien ſe contente de dire que *le héros, réſolu de ſe rendre le maître de l'Egypte, acheva de réduire, ſous ſon obéiſſance, la partie de la Syrie qu'on nomme Paleſtine* (a) : il n'ajoute pas un ſeul mot à ce récit, & paſſe enſuite au ſiége de Gaza, qui ouvrit, au conquérant, l'entrée de l'Egypte.

Des critiques, d'autant plus reſpectables, que, nés dans une religion, qui s'honore de ſa filiation avec celle de Joſephe, ils avaient le plus grand intérêt à mettre dans tout leur jour les évènemens favorables au peuple de Dieu, perſuadés que la vérité, ſur-tout dans les monumens ſacrés de l'Hiſtoire, n'ad

______

(a) *Alexander expeditionem in Ægyptum facere inſtruit ; & cœtera quidem Syria, quæ Paleſtina vocatur, oppida in ſuam poteſtatem adduxerat.* Voy. *de Exped. Alex. lib.* 2 *, cap.* 25.

met aucun accommodement avec un zèle aveugle, ont rejetté cette partie de l'itinéraire d'Alexandre (a), & ils ont donné

(*a*) Voyez le Docteur Prideaux, *Histoire des Juifs*, édition in-4°. tome 1, pag. 300, les fameuses *Lettres* de Moyle, &c. ; une autorité non moins grande, est celle du Baron de Sainte-Croix, dans son *Examen critique des Historiens d'Alexandre*, couronné, en 1772, par l'Académie. Je me contenterai de tranfcrire quelques-unes de ses remarques lumineuses, qu'on peut lire à la page 65 de son Ouvrage : je me sers de la belle édition in-4°. de Paris, imprimée avec privilége.

» Alexandre marcha de Tyr à Gaza, & de
» cette dernière ville en Egypte. Tel eft l'iti-
» néraire de l'armée Macédonienne, rapporté
» unanimement, & fans aucune différence, par
» tous ceux qui ont parlé de ses exploits. Josephe
» ose seul contredire le témoignage des com-
» pagnons d'armes du conquérant de l'Afie.

» L'Hiftorien des Juifs dit qu'Alexandre adora
» le nom de Dieu, gravé fur la lame de la thiare
» du Pontife. Ce Prince avait, fans doute, un
» interprète pour connaître le sens de l'infcription
» facerdotale.

des raisons qui méritent, autant que le texte de Josephe, de trouver place dans une Histoire des Hommes.

» Jaddual n'a pu recevoir l'hommage du
» conquérant de l'Asie, parce qu'il était mort,
» quelques années avant le tems où il monta sur
» le trône.

» L'Historien fait accompagner le héros Grec,
» dans cette expédition, par des Chaldéens :
» comment ces derniers pouvaient-ils être à la
» suite de ce Prince, puisqu'ils étaient ses enne-
» mis, & qu'ils ne le reconnaissaient pas encore
» pour maître ?

» Les circonstances, au reste, de cet événe-
» ment ne sauraient être aussi glorieuses à la
» Religion, que quelques personnes, plus pieuses
» qu'éclairées, pourraient d'abord le croire. La
» main qui prostitua son encens sur les autels
» d'Apis & de Bélus, pouvait-elle honorer le
» culte du vrai Dieu? Les Juifs les auront, sans
» doute, imaginées après la mort d'Alexandre,
» afin de mériter la protection de ses successeurs:
» ce fut par le même motif que, dans le moyen
» âge, les Chrétiens de l'Orient inventèrent une
» fable à-peu-près semblable; Gengiskan y joue
» le même rôle qu'Alexandre, & la vision du

Si Alexandre avait vu, en fonge, le Miniftre du Dieu des Juifs, qui lui promettait la conquête de l'Afie, ce Prince, qui fe piquait de reconnaiffance, du moins envers les Oracles, n'aurait jamais imaginé de fe détourner de la route naturelle de fes conquêtes, pour aller renverfer Jérufalem.

Le mot de Parménion, qui s'étonne de ce qu'Alexandre *adore un Grand Prêtre, lui que tout le monde adore*, ce mot, dis-je, eft un anachronifme révoltant; car il eft démontré qu'Alexandre ne fongea, qu'après le voyage au temple d'Ammon, à fe donner un Dieu pour père, & que ce ne fut que plufieurs années après, c'eft-à-dire, quand il eut affaffiné Clitus, qu'il fit fa propre apothéofe.

Jadduah lui-même n'a pu fe rencontrer

» Prince Tartare eft auffi avantageufe aux Chré-
» tiens, que celle du Roi Macédonien l'avait
» été aux Juifs «. Voyez l'*Hiftoire d'Abulfarag*.

avec le héros de la Macédoine, puisque,
suivant la chronique d'Alexandrie, il était
mort plusieurs années avant l'expédition
contre Darius.

L'Histoire Sainte est assez vénérable
par elle-même, assez fière de l'autorité
des Ecrivains supérieurs, qui l'ont dirigée, dès son origine, sans y ajouter encore des merveilles de la création des
hommes.

Alexandre, de Tyr, se rendit sous les
remparts de Gaza, pour en faire le siége;
mais l'Eunuque Bétis, qui en était Gouverneur, se défendit avec tant de bravoure, qu'il arrêta deux mois les Macédoniens au siége de cette place; le conquérant, dont les mœurs commençaient
à se dépraver, au lieu de louer la valeur
des assiégés (car la valeur ne se récom-
pense pas), en fit passer dix mille au fil
de l'épée, & condamna les autres à l'esclavage, avec leurs enfans & leurs femmes. Pour le Satrape de Darius, il commanda qu'on lui perçât les talons, qu'on

y paſlât une courroie , & il le traîna ainſi , attaché à ſon char , juſqu'à ce qu'il rendît le dernier ſoupir. Alexandre, en violant ainſi le droit des gens, ſe vantait d'imiter Achille, dont il ſe croyait iſſu ; mais du moins le héros de l'Iliade vengeait ſon ami Patrocle, & encore ce ne fut que ſur le cadavre d'Hector, qu'il exerça cette froide barbarie (*a*).

Plutarque prétend qu'Alexandre trouva dans Gaza, cinq cents quintaux d'encens, dont il fit préſent à un de ſes Inſtituteurs, qui lui avait reproché, dans ſon enfance, d'en être trop prodigue envers les Dieux. Que penſer de ces cinq cents quintaux

---

(*a*) On ne pourrait juſtifier, de cet attentat, la mémoire d'Alexandre, qu'en diſant qu'il n'en eſt parlé ni dans Arrien, ni dans Diodore ; mais Quinte Curce, qui nous a fourni ce fait, a ici quelque poids : l'enthouſiaſme de cet Ecrivain pour ſon héros eſt ſi grand, qu'on ne le ſoupçonnera jamais d'imaginer des crimes, pour le rendre odieux.

d'encens trouvés dans une ville presque sans nom, & qui n'avait aucun commerce avec la région des aromates ? & quel présent absurde à faire à un Philosophe !

La prise de Gaza facilita, à Alexandre, la conquête de l'ancienne Monarchie des Pharaons, & il faut avouer que cet exploit lui coûta peu ! Les Egyptiens, tyrannisés dans leurs villes, qui ne leur appartenaient plus, & traités, par les Perses, avec la froide barbarie sous laquelle gémissaient les Ilotes à Lacédémone, soupiraient, depuis long-tems, après une révolution. Le conquérant, que ces infortunés appellaient par leurs vœux secrets, ne tarda pas à paraître. Il se présenta devant Péluse, & cette ville, la clef de l'Etat, ne fit aucune résistance. Alexandre y mit une garnison Macédonienne ; ensuite, il remonta le Nil sur sa flotte, se rendit maître d'Héliopolis & de Memphis, & fit disparaître, de la surface de l'Egypte, cette légion d'oppresseurs & de déprédateurs, soudoyés par les Despotes de la Perſe , pour anéantir , s'il était poſſible , tout ce qui reſtait d'hommes dans la Monarchie des Pharaons.

Le conquérant , pour faire aimer ſon joug à ſes nouveaux ſujets , s'annonça , à leurs yeux , comme leur père. Il ne brûla aucune ville , il ne détruiſit aucun monument, il n'ôta la vie à perſonne. Cherchant à effacer l'opprobre dont l'avait couvert le ſupplice du Gouverneur de Gaza , il récompenſa juſqu'aux guerriers qui , par leur noble réſiſtance , avaient retardé le cours de ſes conquêtes , reconnaiſſant enfin que la valeur ne doit jamais être un crime , même pour l'ennemi à qui elle devient fatale.

Non content de ces traits de clémence , Alexandre , pour ſe rendre agréable à la multitude , par les moyens les plus capables de la captiver , plia un moment ſa grande ame , juſqu'à rendre hommage au culte abſurde & puſillanime des Egyptiens. Il honora , en particulier , le taureau Apis , que Cambyſe avait poignardé , &

avait facrifié à un âne ; trait de politique qui lui gagna les cœurs, encore plus que la modération dont il fit parade après fa victoire.

La foumiffion de l'Egypte, en augmentant la gloire d'Alexandre, l'enrichit. On affure qu'il tira, du feul tréfor de Memphis, jufqu'à huit cents talents (4,333,333 livres de notre monnaie). Les autres villes contribuèrent à proportion, mais fans murmurer, parce que le conquérant flattait leur vengeance, en employant cet or au renverfement du trône de Darius.

Le héros termina fon expédition par la fondation d'Alexandrie, une des villes de l'antiquité qui a joué le rôle le plus brillant dans l'Hiftoire, foit par la protection que fes Souverains accordèrent aux arts, foit parce que fon commerce fleuriffant la rendit l'entrepôt des richeffes de l'Afie & de l'Europe. Mais tous les détails de cet évènement feront plus à leur place à la tête de l'hiftoire de la Monarchie des Ptolémées.

VOYAGE D'ALEXANDRE

AU

TEMPLE DE JUPITER AMMON.

Les Egyptiens parlèrent, à Alexandre, avec leur enthousiasme ordinaire, du temple d'Ammon, situé au milieu des déserts de la Lybie, & quoique de Memphis, où ce Prince était alors, on comptât douze journées de marche pour s'y rendre, l'envie de faire parler, en sa faveur, les Oracles les plus célèbres, & de rendre, pour ainsi dire, les Dieux complices de son projet coupable de la conquête du monde, l'engagea à exécuter ce voyage à la tête de son armée. Cambyse, autrefois, avait échoué dans une pareille expédition, & y avait perdu cinquante mille hommes; mais Alexandre n'aimait à tenter que ce que les autres Rois jugeaient impoſſible : il aurait conſtruit un pont ſur la mer, ſi Xerxès ne l'avait pas fait avant lui : on n'imaginait pas que l'homme pût atteindre à la cime du mont Athos, ſituée dans la région des nuages, & il commanda, à ſon Architecte, de le tailler en ſtatue.

Le temple d'Ammon était, depuis un grand nombre de ſiècles, le centre d'un fameux pélerinage. Mais la raiſon a peine à concevoir comment ſon fondateur avait imaginé de le conſtruire, au milieu des ſables mouvans de la Lybie, & à plus de trente lieues de toute région habitée par des hommes. Ce nuage ſe diſſipe par un trait de lumière qu'on trouve dans Strabon (*a*). Eratoſthène , à en

---

(*a*) Voici le texte de la verſion latine. Il mérite d'être tranſcrit. *Utique & ipſum Ammonis templum, ſuperioribus annis, mari propinquum, ob effluentiam hoc tempore in Mediterraneam jacere. Ipſum etiam Oraculum cum mare vicinum*

croire ce grand Géographe, avait écrit que ce temple d'Ammon était autrefois situé sur le bord de la Méditerranée, &

---

effet, eò celebritatis & notitiæ pervenisse jure quidem suspicatur. Tantam que loci à mari disjunctionem haud sane nominis claritatem & gloriam verisimiliter hac ætate posse facere. Ægyptum etiam priscis temporibus ad Pelusias usque Paludes, & montem Cassum lacumque Serbonidem maris inundationibus opertam fuisse. Nunc quoque dum per Ægyptum hujusmodi effoditur salsedo, etiam sub arenâ salsa refertæ conchilii foveæ reperiuntur, perinde ac agro maris aquis inundato. Locus etiam omnis Casium & ad scuta (sic enim appellant) palustrem limum habebat ut maris rubri summum attingeret; mari autem cedente detectum extitisse & lacum Serbonidem mansisse inde & hunc effractum & palustrem factum. Similiter & salsi lacus ripas, maris magis quam fluminis videri. Idcircò magnam continentis partem quibusdam temporibus inundatam & rursus detectam extitisse concederes. Eundem in modum inæquale profundum terram nunc totam esse sub mari. Sicut medius fidius & quæ emersit quam incolimus, quæ tot permutationes admittit, quot verbis prosecutus est Eratosthenes. Voy. Strab. Geograph. lib. 1.

que, par la retraite graduée de la mer, il s'était trouvé, après un certain nombre de siècles, à plusieurs journées de ses rivages. Ce fait mémorable est à ajouter aux preuves physiques, métaphysiques & morales que nous avons accumulées dans notre théorie si neuve & si vraie du monde primitif.

Alexandre se mit en marche par une route différente de celle des caravanes. Il avait deux grands dangers à courir; l'un de manquer d'eau au milieu de ces vastes déserts, le tombeau de la nature; l'autre, d'être surpris par des ouragans qui élèvent des tourbillons de sable, dans lesquels des armées entières peuvent être ensevelies. La bonne fortune du héros lui fit vaincre tous ces obstacles. Au moment où l'eau, qu'on transportait sur les chameaux, commençait à s'épuiser, où le soldat, qui ne respirait qu'un air embrasé, appellait la mort, qu'il ne regardait plus que comme le terme heureux de ses souffrances, tout-à-coup l'atmosphère se couvrit de nuages, & il tomba une pluie si abondante, que l'armée fut sauvée.

Le second danger ne disparut que grace à une merveille ; les tourbillons, sans s'élever à une grande hauteur, avaient confondu les bornes qui servaient à désigner les routes, & les soldats, égarés dans ces vastes déserts, tournaient sans cesse comme dans les défilés d'un labyrinthe. Ptolémée (*a*), un des Généraux d'Alexandre, suppose qu'alors deux dragons se présentèrent aux yeux de l'avantgarde, & lui servirent de guides, soit pour aller au temple, soit pour le retour. Callisthène différait, à cet égard, de Ptolémée, mais c'est pour être encore

---

(a) *Ptolemeus Lagi filius autor est dracones duos, clamore edito agmen præcessisse, & Alexandrum ducibus imperasse ut prodigio acquiescentes, dracones sequerentur, qui eos in Oraculi sedem & duxerunt & reduxerunt.* Voy. *Arrian,* de Exped. Alexand. lib. 3, cap. 3.

plus abſurde : il voulait que des corbeaux, doués d'intelligence, jouaſſent le perſonnage des dragons. » Ces oiſeaux, dit-il, » précédaient les ſoldats dans leur mar- » che, les attendaient quand ils avaient » ordre de s'arrêter, & la nuit, quand ils » s'égaraient, les rappellaient par leurs » croaſſemens, & les remettaient dans » leur route (*a*) «.

Enfin, grace à ſon génie, plutôt qu'aux dragons de Ptolémée, ou aux corbeaux de Calliſthène, Alexandre arriva au temple d'Ammon. Sa renommée le précédait, & les Prêtres adroits n'eurent garde de le contredire. L'entretien que le héros eut avec eux, & que Plutarque nous a conſervé, peint aſſez bien la vanité du deſpote qui conſulte, & la politique tortueuſe des fourbes qui ſont conſultés. *Je demande à l'Oracle*, dit Alexandre, *s'il eſt encore quelqu'un des aſſaſſins de mon*

(*a*) Ce fragment ſe trouve dans la *Vie d'A- lexandre*, par Plutarque.

*père qui ait échappé à la vengeance céleste.
— Ne blasphème pas, répond le Prophète,
tu n'as point un père mortel. — Eh bien,
les meurtriers de Philippe sont-ils punis ?
— La cendre de ce Roi est vengée. — Il
suffit, & je n'ai plus qu'un vœu à former.
Jupiter approuve-t-il que je devienne le
maître du monde ? — Ce vœu est digne
d'Alexandre, & il sera exaucé.*

Telle est la base sur laquelle le héros
de la Macédoine bâtit la fable orgueil-
leuse qui le faisait fils de Jupiter. Cependant, il y a une autre tradition bien
plus naturelle, qui avait quelque crédit
parmi les Philosophes. Le Prophète
d'Ammon, quand Alexandre s'approcha
pour le saluer, chercha, à ce qu'on
prétend, à se concilier sa faveur par
quelque caresse, & voulut lui dire, en
grec, *ô pai dion*, qui signifie, *ô mon fils ;*
mais comme le grec était une langue
étrangère pour cet Africain, il se trompa
à la prononciation, & dit, *ô poi dios*,
qui veut dire, *ô fils de Jupiter*. Alexandre

était trop flatté de l'erreur, pour la faire appercevoir, ou du moins il laissa croire, à son armée, que le Prophête, en faisant un solécisme, était, malgré lui, l'interprête des volontés de Jupiter.

Cette manière oblique d'interpréter les oracles, était du goût d'Alexandre ; nous avons vu dans quel sens il prit le nom d'invincible, que lui donna la Pythie de Delphes, & de quelle manière il délia le nœud gordien qui lui promettait la conquête du monde.

Il est cependant affreux de penser qu'un fol plein de génie troubla le monde, parce qu'une Pythie se laissa placer, malgré elle, sur un trépied, & qu'un solécisme d'un Prêtre Africain, en amenant l'apothéose de cet heureux brigand, prépara le supplice de Callisthène.

Quoiqu'il en soit, Alexandre, depuis son voyage d'Ammon, prit, dans ses édits, le titre de fils de Jupiter (*a*) ; titre

______

(*a*) *Varr.* apud Aul. Gell. Noct. Attic. lib. 13, cap. 4.

qui lui valut une lettre de sa mère Olympias, où, employant une ironie ingénieuse, elle le priait de ne point la brouiller avec Junon, qui n'avait jamais pardonné à ses rivales.

Cependant, il faut être juste. Le mot de fils de Jupiter ne signifia d'abord, dans l'esprit d'Alexandre, qu'un héros aimé de Jupiter ; ses mœurs n'étaient pas encore assez perverties, pour que son imagination en fût dégradée. Il ne croyait pas qu'un Dieu fût descendu, dans la Macédoine, pour en faire un autre. Mais il voulait que les Barbares, qu'il avait à vaincre, le crussent d'une nature supérieure, pour subir son joug avec moins d'impatience.

Les Philosophes, tels que Plutarque, qui ont écrit la vie d'Alexandre, avouent que ce héros, jusqu'à l'entière destruction de la Monarchie de Darius, ne songea à se montrer aux Grecs, que comme un homme supérieur. Blessé, dans un siége, il dit, en souriant, à ses favoris : » voilà

„ du vrai sang qui coule de ma blessure.
„ Homère n'y reconnaîtrait pas ce fluide
„ céleste qu'il fait répandre à Vénus,
„ quand elle fut blessée par Diomède ".

Quand le héros était seul avec ses amis, il plaisantait avec eux sur sa divinité : un jour d'orage, où tout retentissait du fracas du tonnerre, Anaxarque lui dit : *Et toi, fils de Jupiter, en pourrais-tu faire autant ?* Alexandre sourit, & lui répondit, avec gaîté, *pourquoi pas, mon cher Philosophe, mais je ne veux point effrayer mes amis.*

Malheureusement les desirs, sur-tout d'une ambition désordonnée, s'irritent toujours par les jouissances ; Alexandre, blasé sur des hommages qui ne le flattaient pas, après avoir été long-tems un dieu, seulement pour les Barbares, voulut l'être aussi pour les Grecs ; mais le moment n'est pas venu de peser sur ces faits, qui nous révoltent ; il ne faut point intervertir l'ordre généalogique des crimes du héros de la Macédoine.

BATAILLE D'ARBELLES (a).

PENDANT qu'Alexandre, maître de la Phénicie & de l'Egypte, parcourait, en vainqueur, les frontières de la Perfe, Darius fe fortifiait au centre ; déja il avait levé une armée formidable, avec laquelle il efpérait réparer toutes fes pertes, lorfqu'il apprit la mort de fon époufe. Cette nouvelle abattit tout fon courage ; il s'informa fi Alexandre, par fa dureté, n'avait pas avancé la fin de la carrière de fa captive ; & quand il fut que le héros avait

---

(*a*) Arrien & Plutarque la nomment la bataille de Gaugamèle, parce que le village le plus proche de la plaine où fe donna le combat, fe nommait ainfi ; mais il eft plus fimple de donner, à un évènement auffi mémorable, le nom d'une ville, que celui d'un village, & voilà pourquoi le nom de bataille d'Arbelles a prévalu dans l'Hiftoire.

traité Statyra comme Reine de Macédoine, les plus cruels soupçons vinrent
alarmer sa jalousie ; il s'imagina qu'en
pleurant la mort de la Princesse, il pleu-
rait le moindre de ses maux, & que la
perte de son honneur avait précédé celle
de sa vie. Un Eunuque de Statyra, qui
s'était sauvé du camp des Macédoniens,
pour instruire Darius du sort de son
épouse, le rassura sur l'objet de ses alar-
mes ; alors le Roi de Perse, dans le
premier mouvement d'enthousiasme que
lui inspirait tant de grandeur d'ame,
s'écria : » Dieux, rendez-moi assez puis-
» sant pour reconnaître les bienfaits d'A-
» lexandre ; ou s'il faut que mon Empire
» périsse, faites que ce héros, puisse
» s'asseoir, à ma place, sur le trône de
» Cyrus «.

Darius, qui se devait à ses peuples,
prit en même-tems les mesures de la prudence la plus consommée, pour que son
Empire ne finît pas. Il fit venir, des Satrapies les plus éloignées, de vieilles co-

hortes, renommées pour leur bravoure ; inftruit que des épées longues étaient plus aifées à manier, dans un combat, que d'autres armes offenfives, il les fubftitua à l'ancien cimeterre des Perfes ; il fit auffi conftruire deux cents chariots armés de faulx, bien capables, par leur méchanifme deftructeur, de jetter l'effroi. Les deux timons de chaque char portaient une lame, dont la pointe fe préfentait au vifage de l'ennemi ; des lames pareilles, & non moins tranchantes, fortaient de l'effieu de chaque roue, & on avait attaché des faulx à leur extrémité. Ces chars étaient foutenus par une armée de huit cents mille hommes de pied, & de deux cents mille chevaux.

Alexandre, accoutumé à battre, avec une poignée de héros, des millions d'hommes, n'héfita pas à venir au-devant de Darius, dans la plaine de l'ancienne Ninive, le Tygre, un des fleuves les plus impétueux de l'Orient, s'oppofait à fa marche, & il ne trouvait ni ponts, ni bateaux, pour le traverfer; il eut l'audace de le paffer à gué, avec des fatigues & des dangers incroyables. Un corps de dix mille hommes, campé à l'autre bord, aurait fuffi pour en empêcher la defcente; mais le Satrape, que Darius avait prépofé pour garder le fleuve, n'arriva que le lendemain. Tel était le bonheur qui accompagnait Alexandre dans toutes fes expéditions; ce bonheur, dont l'hiftoire peint les effets, mais que le Philofophe ne définit point, a, peut-être, autant contribué que le génie, à la célébrité de tous les conquérans, depuis Sémiramis jufqu'à Charles XII.

Les deux armées fe rencontrèrent près du village d'Arbelles. Quelques jours avant la bataille, il y eut une éclipfe de lune, qui répandit la terreur jufques dans le camp d'Alexandre; cependant, la philofophie du fiècle de Périclès, avait rendu les Grecs Aftronomes; mais la multitude, dans tous les âges, & chez toutes les Nations, femble condamnée à ne s'éclairer jamais. Les Macédoniens se reprochaient hautement d'avoir quitté leur patrie, pour se voir traînés aux extrémités du monde, tandis que les Dieux s'opposaient à leur marche, que les astres leur refusaient la lumière, & que la nature entière semblait armée contre leurs projets extravagans de conquête. Alexandre n'était pas épargné dans ces murmures. Le soldat ajoutait qu'il était bien insensé d'exposer sa vie, pour repaître l'ambition d'un homme, qui dédaignait sa patrie, qui désavouait son père, & qui faisait sa propre apothéose.

On fut obligé, pour étouffer la sédition dans son germe, de dicter à des Astronomes Egyptiens, qui se trouvaient alors dans le camp, l'oracle qu'ils devaient prononcer ; ces charlatans sacrés assemblèrent, en effet, les soldats, &, sans s'amuser à leur parler le langage de la Physique, qu'ils n'étaient pas à portée d'entendre, ils se contentèrent de dire que la destinée des deux armées était écrite dans le firmament ; que le Ciel s'était partagé entr'elles, & que si la lune était pour les soldats de Darius, le soleil était pour ceux d'Alexandre. Ce raisonnement absurde, suffit pour rassurer les Macédoniens, & pour obéir au présage, ils se disposèrent à combattre les Perses à la clarté du soleil.

Enfin se donna cette fameuse bataille d'Arbelles, à la destinée de laquelle était attachée celle de l'Empire de Cyrus.

Les deux cents chars armés de faulx partirent d'abord avec impétuosité de la première ligne des Perses, & imprimèrent une véritable terreur à l'armée d'Alexandre ; les soldats de la phalange, pour effaroucher les chevaux qui les conduisaient, se mirent à frapper, avec bruit de leurs armes, contre leurs boucliers ; & en effet, quelques uns de ces chars reculèrent dans les rangs des Perses, & les rompirent ; pour ceux qui ne s'écartèrent pas de leur route, les Macédoniens surent les rendre inutiles, en s'ouvrant à propos ;

il n'y en eut qu'un très-petit nombre qui répondirent à l'attente de leurs inventeurs, & il faut avouer qu'ils y répondirent d'une manière bien propre à encourager ces Cannibales. » Les tranchans des » faulx & des autres ferremens attachés » aux roues, étaient affilés, au point que, » pouffés avec violence, ils portaient, » fous des formes variées, une mort iné-» vitable. Ils enlevaient à l'un fon bras, » accompagné du bouclier qu'il portait ; » ils coupaient à un autre la tête fi fubi-» tement, que, pofée à terre, elle cher-» chait encore des yeux fon ennemi ; » d'autres étaient tranchés par le milieu » du corps, & expiraient avant d'avoir » fenti les atteintes de la mort (*a*) «.

Le choc des deux cavaleries fut de la plus grande violence ; les Perfes, d'abord, eurent l'avantage ; mais au moment où les efcadrons Macédoniens commençaient à fe rompre, le devin Ariftandre, revêtu

____

(*a*) Diod. *Hiftor. Univerf.* lib. 17, parag. 8.

de ſa robe blanche, & un laurier à la main, parut ſubitement dans les rangs, & s'écria qu'il voyait une aigle, préſage certain de la victoire, planer au deſſus de la tête d'Alexandre. Les ſoldats ne virent point l'aigle de l'Aſtrologue, mais ils le crurent, comme c'eſt l'uſage, & retournant au combat avec une nouvelle confiance, ils mirent l'ennemi en déroute.

Avant l'apparition d'Ariſtandre & de ſon aigle, un détachement de la cavalerie des Perſes, profitant du déſordre des Macédoniens, avait pénétré juſqu'au camp d'Alexandre, & l'avait pillé; il ne tenait qu'à Syſigambis de recouvrer ſa liberté; mais ſoit qu'elle doutât de la victoire de Darius, ſoit qu'elle ſe crût enchaînée par les bienfaits d'Alexandre, elle reſta dans ſa tente, & ne voulut point ſuivre ſes libérateurs.

Le choc le plus ſanglant fut au centre des deux corps de bataille, parce que chaque Roi animait les ſiens par ſa préſence. Alexandre s'attacha à la perſonne de Darius, & fit des prodiges de valeur pour arriver jusqu'à son char; il y parvint enfin, malgré la grêle de traits dont on l'accablait, & il perça, de sa javeline, l'Ecuyer du Monarque. Les Perses, qui crurent leur Souverain tué, s'enfuirent dans le plus grand désordre, & cette erreur étrange procura la victoire au héros de Macédoine.

Il était tems que Darius, par sa fuite, abandonnât le champ de bataille à son ennemi; car l'aîle gauche des Macédoniens, que commandait Parménion, enveloppée par les Perses, se trouvait dans le plus grand danger. Tout-à-coup on apprit des deux côtés la nouvelle de la déroute de Darius. Alors une terreur panique saisit les assiégeans; les assiégés, transformés en hommes nouveaux, firent face par-tout à l'ennemi, & déja ils étaient victorieux, quand ils virent paraître Alexandre.

De ce moment, le combat dégénéra en un affreux carnage; les Perses, fugitifs, se laissaient égorger sans se défendre , & on ne commença à faire des prisonniers , que lorsque le bras fatigué des vainqueurs se refusa au massacre. Arrien fait monter à trois cents mille hommes, la perte de Darius ; elle ne fut que de quatre-vingt-dix mille , suivant le calcul du sage Diodore.

Darius, vaincu aux champs d'Arbelles, prit, en fuyant, la route de la Médie. Lorsqu'il eut traversé, avec ses Satrapes, le fleuve du Lycus, on lui conseilla de rompre le pont, pour retarder la poursuite des ennemis ; mais ce Monarque généreux, & d'autant plus digne du trône, qu'il était plus près d'en descendre, répondit que ses soldats avaient autant de droit que lui à ce passage, & qu'il n'estimait point assez sa vie, pour la conserver aux dépens de tant de sujets fidèles, dont la bravoure n'avait été trahie, que par l'influence de sa destinée. Le pont ne fut donc pas rompu, & le Prince fugitif arriva, sans danger, à Ecbatane.

La victoire d'Arbelles entraîna la défection presqu'entière des provinces de la Perse ; Babylone ouvrit ses portes au conquérant ; Suze, la métropole de l'Empire, lui fut livrée par son Gouverneur ; c'est de ce moment qu'Alexandre put former le projet fastueux de sa Monarchie universelle.

Les richesses que ce Prince trouva dans les villes qui se soumettaient à lui, & dans le trésor des successeurs de Cyrus, sont presqu'au - dessus des calculs des Historiens ; le seul palais Impérial de Suze, lui procura 1,787,500,000 livres de notre monnaie (*a*) ; une pareille somme suffisait, dans ces tems-là, pour acheter dix Royaumes de Macédoine.

Alexandre laissa, dans Suze, la mère

____

(*a*) Diodore dit qu'il y avait en réserve dans ce Palais quarante mille talens d'or ou d'argent, (probablement la moitié de l'un & de l'autre) & neuf mille talens d'or monnoyé, & frappés en dariques. *Histor. Univ.* lib. 17, parag. 14.

& les enfans de Darius ; pendant qu'il s'occupait à les confoler par les honneurs du trône , de leur longue captivité , il reçut , de fes Etats , un grand nombre d'étoffes de pourpre & de riches vêtemens, fuivant le coftume des Grecs. Il les donna à Syfigambis , avec les Artiftes qui les avaient fabriqués , ajoutant que fi elle les trouvait à fon gré , elle pouvait amufer le loifir de fes filles , en leur faifant apprendre de pareils ouvrages. A ces mots, des larmes coulèrent des joues vénérables de la Princeffe. Le héros , inftruit que, fuivant les préjugés des Perfes , le travail des mains était un opprobre pour des Reines, montra à Syfigambis l'étoffe dont lui même était vêtu , & qu'Olympias , fa mère , avait pris foin de broder. Syfigambis rougit , & tout fut pardonné.

INCENDIE DE PERSÉPOLIS;

ASSASINAT DE DARIUS,

ET RENVERSEMENT DE

L'EMPIRE DES PERSES.

IL manquait à Alexandre, pour avoir sous sa puissance l'Empire entier de Darius, de se rendre maître de Persépolis; il y conduisit son armée; mais s'étant engagé avec une témérité qu'autorisait sa bonne fortune, dans les défilés de Suze, il y essuya un échec qui humilia son orgueil. Ariobarzane gardait ce poste avec vingt-cinq mille hommes; il avait placé la plus grande partie de ses cohortes sur le sommet des montagnes, & lui même campait avec quatre mille fantassins, & trois cents chevaux, au pied des roches inaccessibles qui bordaient ce passage. Au moment où les soldats d'Alexandre s'approchaient pour attaquer le Satrape, ils virent rouler sur eux des pierres énormes, qui bondissaient sur les rochers, & n'en tombaient qu'avec plus de violence sur leurs têtes; des files entières en furent écrasées; le Roi, qui voyait la mort suspendue de tous côtés sur ses troupes, sans qu'elles pussent frapper l'ennemi invisible auquel elles avaient affaire, céda, en frémissant, & fit sonner la retraite.

Ce défilé de Suze était un nouveau pas des Thermopyles; mais Alexandre n'était point Xerxès, & Ariobarzane, encore moins Léonidas; aussi il n'en coûta pas tant de sang, pour que le poste fût emporté.

Un prisonnier de guerre, Grec de naissance, qui avait autrefois habité ces montagnes, offrit à Alexandre de le conduire par une route que lui seul connaissait, derrière les retranchemens d'Ariobarzane. Ce Prince prit alors ses cohortes d'élite, & se mit en marche à l'entrée de la nuit. Les Macédoniens souffrirent des

fatigues incroyables ; les pointes des rochers sur lesquels ils marchaient, les tourbillons de neige qui les enveloppaient
tout-à-coup, l'horreur des ténèbres, le
peu de confiance que leur inspirait l'audace de leur guide, tout contribuait à
augmenter leur effroi ; cependant ils arri-
vèrent, à la pointe du jour, au poste que
le Grec leur avait indiqué ; les retranchemens d'Ariobarzane furent forcés, son
infanterie taillée en pièces, & le Satrape
lui-même n'échappa à la mort, qu'en se
sauvant, en désordre, dans les gorges des
montagnes.

Alexandre, maître du pas de Suze,
conduisit son armée à Persépolis (a) ; ar-

______

(a) Quinte-Curce coupe ici le fil de sa narra-
tion, en faisant l'histoire de quatre mille Grecs,
mutilés par ordre de Xerxès & de ses successeurs,
qui vinrent implorer la générosité d'Alexandre,
& qui, maîtres de retourner dans leur patrie,
aimèrent mieux rester dans la Perse, afin de ne
point devenir un objet de risée pour leurs concitoyens : heureusement qu'il est permis de douter

rivé aux pieds des remparts, il assembla
un conseil de guerre, & exposa à ses Généraux, que la ville que leurs armes me-
naçaient, avait été de tout tems fatale au
repos de la Grèce ; que c'était de son sein
qu'on avait vu partir les essaims innom-
brables de barbares, soudoyés par Xerxès
& par le premier Darius, & le résultat de
sa harangue véhémente, fut de permettre
qu'on passât au fil de l'épée des citoyens
qui ne se défendaient pas, & de mettre
l'ancienne capitale de la Perse au pillage.

Le soldat, avide de brigandage, n'exécuta que trop bien les ordres d'Alexandre ;
il entra dans toutes les maisons dont l'apparence pouvait exciter sa cupidité, il y

---

de cette froide barbarie, exercée par les despotes
de la Perse. Arrien, le premier des Historiens
d'Alexandre, & le Philosophe Plutarque, n'en
disent pas un mot ; Quinte Curce, lui-même,
fait tout son possible pour faire douter de l'évé-
nement qu'il raconte, en mettant, dans la bouche
des Grecs mutilés, des harangues travaillées péni-
blement dans l'école d'un Rhéteur.

égorgea les pères de famille, viola les femmes, &, chargé de butin, finit par mettre le feu aux édifices ; l'impitoyable conquérant, ne fit cesser le massacre, que lorsqu'il craignit que l'incendie, qui en était la suite, ne se communiquât au palais des Rois.

Persépolis avait une citadelle que la nature & l'art semblaient s'être réunis à fortifier ; outre sa situation au milieu de rochers inaccessibles, elle était entourée d'une triple enceinte de murailles ; les remparts de l'enceinte extérieure avaient seize coudées de hauteur, & ceux de l'intermédiaire trente-deux ; après avoir franchi ce double mur, on en trouvait un troisième haut de soixante coudées, garni de portes & de palissades d'airain, & construit avec une espèce de granit, fait pour braver l'éternité. Les Perses, avec de la bravoure, pouvaient arrêter Alexandre devant cette citadelle, aussi long-tems que Priam arrêta les Grecs devant Troye ; mais Tiridate, qui en était le Gouverneur, trahit fon Souverain, & livra la place & la ville au vainqueur de Darius.

Les tréfors immenfes qu'on trouva dans les caveaux de la citadelle, y avaient été raffemblés depuis Cyrus ; Alexandre en tira, dit-on, tant en or qu'en argent, la valeur de fix vingt mille talens; ce qui répond à fix cents cinquante millions de notre monnaie (*a*); il en avait déja tiré plus de deux cents vingt mille de Suze, & cent quatre-vingt mille d'Ecbatane ; telle était, au refte, l'opulence de la Perfe, à l'époque de fa décadence, qu'après fa conquête, le vainqueur en tirait annuellement trois cents mille talens (*b*), ou feize cents vingt-cinq millions.

Tant de fuccès étaient bien faits pour dépraver les mœurs d'un conquérant. Nous venons de voir Alexandre punir Perfépolis

----

(*a*) Diod. *Hift. Univerf.* lib. 17 , parag. 16.
(*b*) *Juftin*, lib. 13 , cap. 1.

des crimes de Xerxès ; après avoir fait la guerre à des citoyens fans défenfe , à des enfans & à des femmes , nous allons le voir la faire aux édifices. Le Palais des Rois de Perfe , d'où Alexandre donnait , de fang-froid , le fignal des maffacres , était un des monumens les plus célèbres de l'Afie , foit par fa grandeur , foit par la hardieffe de fon architecture ; tous les Artiftes de l'Orient avaient épuifé leur génie à le décorer ; la courtifanne Thaïs , au milieu d'un feftin , propofa de le brûler , pour venger l'ancien incendie d'Athènes. *Quelle fera ma gloire,* ajouta-t-elle , *quand la poftérité dira qu'une courtifanne a plus fervi fa patrie par fes Orgies , que les Arif-tide & les Thémiftocle par leurs victoires !* Comme la gloire d'une courtifanne flattait infiniment la grande ame du vainqueur de Darius , il applaudit à cette faillie de Thaïs ; peu-à-peu , le vin échauffant fon cerveau , il fe lève , une couronne de fleurs fur la tête , & donne le fignal de l'horrible bachanale. Thaïs jette son flambeau, tous les convives l'imitent, & en peu d'heures, ce vaste palais, l'ouvrage de tant de siècles, n'est presqu'en entier qu'un monceau de cendres.

Persépolis fut donc sacrifiée à la vanité des Grecs ; mais quand Quinte-Curce, parlant de l'incendie de cette ville, dit que *si l'Araxe n'avait pas coulé autrefois le long de ses murs, on n'aurait jamais pu en deviner la place* (*a*), il a dit une absurdité. Il paraît, par les ruines encore existantes de cette ancienne métropole de la Perse, que la rage des Macédoniens fut trompée, & qu'il échappa un grand nombre de ses monumens à la destruction.

Les ruines de Persépolis sont connues en Asie, sous le nom de *Chel-minar,* ou de *l'édifice à quarante colonnes* (*b*). Malgré les éloges des Ecrivains qui ne voyent que

---

(*a*) *Quint.-Curt.* lib. 5 , cap. 7.

(*b*) Ce mot de *quarante* répond au *mille* des Romains. Il désigne un nombre au-dessus du calcul.

du merveilleux dans les monumens de l'antiquité, malgré l'emphase des voyageurs qui se copient, malgré même le faste des gravures, il n'y a rien, dans cet amas de décombres, qui mérite d'être transmis à la postérité; la belle nature n'était pas connue des Sculpteurs de la Perse & de ses Architectes; la hauteur du fust des colonnes, ne répond point à celle de la base, il n'y a aucune idée de perspective dans l'exécution des bas-reliefs : parmi les treize cents figures que la patience des Voyageurs a comptées à Chel-minar, il n'y en a pas une qu'on puisse citer pour la correction du dessin, pour la justesse des proportions, ou pour l'élégance du jet des draperies. Toutes ces considérations consolent un peu l'homme de goût de l'incendie de Persépolis; il n'y a que l'homme de bien, qui ne pardonne pas, au vainqueur de Darius, d'avoir sacrifié la capitale de la Perse, au caprice d'une courtisanne.

La Perse était subjuguée, mais Darius

vivait encore, & ce phantôme de Souverain, tout impuissant qu'il était, alarmait l'ambition d'Alexandre. Il voulut,
comme tous les Conquérans vulgaires,
s'assurer de la personne du Prince qu'il
dépouillait, pour jouir en paix de sa Couronne.

Darius était alors à Ecbatane; il restait,
à ce Monarque infortuné, de tant de
millions d'hommes qu'il avait armés pour
sa défense, un corps de quatre mille
Grecs, qui lui demeura attaché jusqu'à sa
mort, & environ trente mille Perses,
qui n'attendaient, pour le trahir, qu'un
regard d'Alexandre. Darius eut la vertueuse faiblesse de croire plus à la fidélité
de ses sujets, qu'à celle de quelques
étrangers qu'il avait à sa solde, & il périt
(trait bien rare dans un Roi), pour avoir
trop estimé les hommes.

Bessus, Satrape de la Bactriane, était
l'ami du Monarque fugitif, & commandait sa cavalerie; il trama, avec Narbazane,
l'un des plus grands Seigneurs de la Cour,

un complot affreux ; c'était d'arrêter Darius, pour le livrer à Alexandre, si le conquérant restait paisible possesseur de la
Perse entière ; & supposé que l'Empire fût
divisé, son projet était de massacrer son
captif, & de régner à sa place. Quelque
sourdes que fussent les menées des conjurés , elles parvinrent aux oreilles du
Prince, qui ne put y ajouter foi ; envain
le Commandant des Grecs vint l'exhorter
à dresser sa tente dans leur quartier , &
à confier la garde de sa personne à des
soldats pleins d'honneur, qui se feraient
tous égorger pour sa défense ; Darius ne
put se résoudre à faire un pareil affront
aux Perses. ʺ Je suis leur père, dit il avec
ʺ attendrissement, pourquoi mes enfans
ʺ me trahiraient-ils ? Au reste , s'ils me
ʺ jugent digne de moi , je n'ai déja que
ʺ trop vécu ʺ.

Ce trait touchant fut rapporté à Bessus,
il ne put effleurer l'ame profondément
scélérate de ce traître ; il fit saisir le Prince
dans sa tente par ses soldats ; on le chargea,

en qualité de Roi , de chaînes d'or , &
on le conduifit , dans un char couvert,
fur les frontières de la Bactriane.

Cependant Alexandre avait quitté Perfépolis , & , à la tête de l'élite de fes
foldats , il s'avançait en diligence dans la
Médie ; il arriva à Ecbatane , & n'y trouvant plus le Roi de Perfe , il le pourfuivit
dans la Parthiène ; le jour où il traverfa le
Caucafe , il apprit la trahifon de Beffus ,
& la captivité du Monarque.

On peut juger de l'activité d'Alexandre , par la rapidité de fes marches. Clitarque prétend qu'en onze jours , il fit , à
la tête de l'élite de fon armée , trois mille
trois cents ftades , environ 74 de nos
lieues Aftronomiques ; comme il n'avait,
le plus fouvent , que des déferts arides à
traverfer , fes foldats , haletant de fatigue
& de foif , appellaient , par leurs vœux ,
l'orage qui les fauva dans les fables
d'Ammon. Un jour , que la chaleur était
la plus ardente , quelques Macédoniens
pafsèrent auprès de l'armée , montés fur

des mulets, & portant de l'eau dans des peaux de chèvre : à la vue d'Alexandre, pâle & affaibli par la soif ardente qui le confumait, ils remplirent un cafque de cette eau précieufe, & la lui préfentèrent. *Quelle était la deftination de ces raffraîchiffemens, leur dit le héros ? — Nous les portions à nos enfans : mais vivez ; il nous fuffit ; nous fommes dans l'âge de devenir encore pères, & qui pourrait nous redonner un Roi tel qu'Alexandre ?* Le Prince, ému, prend le cafque, & regardant autour de lui, il voit fes foldats, la tête penchée, & dévorant, par leurs regards, cette eau, qui devait rendre leur exiftence moins douloureufe, alors, n'écoutant plus que fa grande ame, il rend le cafque aux Macédoniens, fans boire une feule goutte. *Mes amis, leur dit-il, il n'y a pas là affez d'eau pour les braves gens qui m'environnent ; je n'en veux point; fi je buvais feul, mes foldats n'en feraient que plus altérés.* On fent l'effet qu'un pareil mot devait produire, fur des guer riers qui idolâtraient déja leur Monarque. *Nous n'avons plus soif*, dirent-ils d'une commune voix, *& Alexandre peut nous mener au bout de l'univers.*

Les Généraux, compagnons d'Alexandre, n'allèrent point au bout de l'univers pour rencontrer Beſſus, l'objet de leur expédition. Ce Satrape, plus fort en nombre, & avec des troupes fraîches, pouvait aiſément battre la petite cohorte fatiguée d'Alexandre; mais il eſt rare que le ſcélérat qui ſait aſſaſſiner, ſache combattre; auſſi à peine les Macédoniens furent-ils à portée du trait, que les Perſes s'enfuirent en déſordre, & gagnèrent les gorges des montagnes.

Beſſus, au commencement de la déroute, s'approcha avec Narbazane, ſon complice, de Darius; tous deux l'exhortèrent à monter à cheval, & à ſe joindre avec eux, pour ne pas tomber entre les mains d'Alexandre. *Alexandre!* dit l'infortuné Monarque, *mes vœux l'appellent, qu'il vienne, qu'il me venge,* &

j'ai affez vécu. Les deux Satrapes furieux, fe jettent alors fur lui, le percent à l'envi de leurs javelines, & le laiffent dans fon char, luttant contre les approches d'une mort douloureufe. Dans ce moment, arrivent des Macédoniens qui le cherchaient ; Darius expirant, n'a plus que la force de leur demander quelque breuvage, pour étanger la foif qui le dévore. Polyftrate fe détache de la troupe, va puifer de l'eau dans une fource voifine, & la lui apporte dans un vafe. » Il fuffit, » dit le Prince ; je meurs content. Ma» cédoniens, allez dire à votre Roi que » je reffens plus que jamais les bienfaits » dont il a comblé ma famille. Puiffe le » Ciel protéger ce Héros, jufqu'à la fin » de fa carrière, rendre fans ceffe fes » armes triomphantes, & lui accorder » un jour le fceptre de l'Univers ! Je ne » le prie pas de punir Beffus ; ma caufe » eft celle de tous les Rois, & il me » vengera «.

Enfuite, il fit approcher Polyftrate de

fon char : » Toi, ajouta - t - il, qui as
» prolongé ma vie, de ces inftans pré-
» cieux où je jouis de l'attendriffement
» de mes vainqueurs, retourne auprès de
» ton Souverain, touche lui de ma part
» dans la main, comme je touche dans
» la tienne. Hélas ! c'eft le feul gage que
» je puiffe, en mourant, lui donner de
» ma reconnaiffance «.

A ces mots, Darius rendit le dernier
foupir. Un inftant après, Alexandre arriva ; la vue du cadavre enfanglanté de ce
Prince, qui méritait un meilleur fort,
lui fit verfer des larmes ; il détacha fa
cotte d'armes, & la jetta fur la victime
de Beffus ; le lendemain, le corps em-
baumé du Monarque fut envoyé, par
fon ordre, à Syfigambis, pour l'enfévelir
avec pompe, & le renfermer dans le
tombeau des Rois de Perfe.

Beffus, le jour même où il affaffina
fon Souverain, mit en tête fa couronne,
& fe fit proclamer Roi, par fes troupes
fugitives, fous le nom d'Artaxerxe.

Alexandre ne laiſſe pas, à cet uſurpateur, le tems de jouir en paix du fruit de ſes crimes ; il le pourſuit avec la plus grande vigueur, & comme le butin dont chacun de ſes ſoldats était chargé rallentiſſait la célérité de ſa marche, il y met le feu, en commençant par ſon propre bagage. Les Macédoniens ſe conſolèrent de perdre le fruit du pillage de Perſépolis, par l'eſpérance qu'on leur donna de piller, à leur gré, la Bactriane.

Alexandre pénétra, en Conquérant, juſqu'au mont Paropamiſe, qui eſt une branche du Caucaſe ; il trouva tout le pays qui s'étend de cette montagne juſqu'à l'Oxus, dévaſté par l'armée de Beſſus ; mais aucun obſtacle n'était capable de le rebuter ; il continua ſa marche triomphante, & ſe rendit maître de la capitale de la Bactriane.

Le Satrape-Roi échappa encore à la pourſuite des Macédoniens ; il traverſa l'Oxus ſur des bateaux, qu'il brûla enfuite, pour rendre le paffage impraticable à l'ennemi ; mais Alexandre fit diftribuer à fes troupes une quantité prodigieufe de peaux, qu'on remplit de matières légères ; les foldats s'étendirent fur cette nouvelle efpèce de radeaux, & abordèrent au rivage. Le fleuve fut traverfé ainfi en fix jours par l'armée d'Alexandre.

Beffus, prêt d'être atteint par les vengeurs de Darius, n'eut point la gloire de mourir, les armes à la main, fur un champ de bataille ; il avait pris querelle, dans un feftin, avec un de fes convives, nommé Bagodaras, & fon emportement l'avait conduit jufqu'à fe lever pour le tuer. Les principaux Officiers de ce Roi fugitif réfléchirent fur cet évènement, & n'attendant rien de la reconnaiffance d'un fcélérat, ils lui arrachèrent fon diadême, mirent en pièces la robe royale de Darius, dont il était revêtu, & le placèrent, lié & garotté, fur un cheval, pour le livrer à Alexandre.

Spitamène, le premier des conjurés,

entra dans le camp des Macédoniens, conduifant le prétendu Artaxerxe, tout nud, & attaché à une chaîne qu'on lui avait paffée autour du col. Alexandre reprocha à ce monftre fa perfidie, lui fit couper le nez & les oreilles, & l'envoya à Ecbatane, pour y fubir la mort la plus cruelle, fous les yeux de la mère de Darius.

Alexandre fit grace à Narbazane, le complice de Beffus, & cette clémence indifcrette jette, à nos yeux, quelques nuages fur la vérité de fa douleur, lorf-qu'il vit mort le Monarque auquel il brû-lait de fuccéder; il femble qu'en envoyant Beffus au fupplice, il l'ait puni de s'être fait Roi, plutôt que d'avoir affaffiné fon Roi.

Il ne reftait plus au Héros, pour légi-timer fa conquête de la Perfe, aux yeux de la nation même qu'il venait de fubju-guer, que de s'allier au fang de Darius; il vint, à cet effet, à Suze, & époufa Statyra, fille aînée de ce Monarque; les

Macédoniens de sa Cour suivirent son exemple, & se choisirent des femmes dans les maisons des Satrapes.

Les noces d'Alexandre furent célébrées avec toute la pompe Orientale ; on peut en juger par le festin que ce Prince donna, dans le Palais, à neuf mille personnes, & où chaque convive reçut, en présent, une coupe d'or pour les sacrifices.

Une largesse, que l'Histoire attribue à Alexandre, le jour de ses noces avec Statyra, & qui est bien plus faite pour honorer sa mémoire aux yeux de la postérité, est celle dont il usa envers les compagnons de ses victoires ; il fit annoncer à tous les soldats de son armée, qu'il paierait leurs dettes ; un grand nombre refusèrent de les déclarer, craignant que ce ne fût un artifice pour savoir les noms de ceux qui faisaient trop de dépense ; le Héros le sçut, & fit à ses troupes les reproches les plus tendres sur leur méfiance ; ensuite, il établit des bureaux dans le camp, où l'on payait sans prendre le nom ni du créancier, ni du débiteur ; cette largesse seule monta à environ dix mille talens, c'est-à-dire à plus de cinquante quatre millions.

Les noces d'Alexandre avec Statyra (a), époque du renversement du fameux trône de Cyrus, tombent à l'an 1254 de l'Ere de Paros, qui répond à la première année de la cent troisième Olympiade.

(a) Cet évènement est très-postérieur à l'incendie de Persépolis ; mais il a fallu intervertir l'ordre chronologique, pour ne point faire deux tableaux de l'histoire du renversement de l'Empire des Perses.

MOUVEMENS DANS LA GRÈCE.

EXPLOITS PEU AUTHENTIQUES

D'ALEXANDRE EN SCYTHIE

ET DANS LA SOGDIANE.

PENDANT qu'Alexandre se créait un nouvel Empire dans l'Asie, il était sur le point de perdre celui qu'il tenait de ses ancêtres. La Grèce, toujours inquiète, toujours remuante, ne pouvant ni se faire au joug d'un maître, ni former des plans sages pour recouvrer son indépendance, avait profité de l'absence du Conquérant pour se révolter. C'était Lacédémone qui avait donné le signal, & le Péloponèse, presqu'entier, s'était rangé sous ses drapeaux. L'objet de la confédération était de rendre, aux villes Grecques, la liberté dont elles jouissaient avant la paix d'Antalcidas, & si l'on ne pouvait s'emparer de la Macédoine, de la circonscrire du moins dans ses anciennes limites. Ce projet, conçu par des Orateurs, & non par des hommes de guerre, n'eut que le succès que méritait sa témérité. Antipater accourut avec une armée, plus forte du double que celle des confédérés, & remporta une grande victoire, où les Lacédémoniens perdirent trois mille hommes. Agis, leur Roi, périt, les armes à la main, sur le champ de bataille.

Les suites de cette émeute inconsidérée furent fatales pour la Grèce : Alexandre en prit occasion d'appesantir le joug qu'il lui avait imposé, & quand Lacédémone lui envoya une ambassade, pour apprendre sa destinée de sa bouche, il ordonna qu'on punît, avec la plus grande rigueur, les instigateurs des troubles, & ce qui n'était pas moins humiliant pour la postérité abâtardie des Lycurgue & des Léonidas, il déclara que quant à la République même, il lui pardonnait sa rebellion.

Pendant qu'Antipater soutenait, dans la Grèce, la gloire du Héros de la Macédoine, celui-ci, toujours insatiable de triomphes, subjuguait la Scythie. Il s'avança jusqu'au Tanaïs (*a*) ; là, s'étant exposé, avec sa témérité ordinaire, il fut blessé dangereusement, d'un coup de flèche, à l'os de la jambe, & le fer resta dans la plaie. Les Barbares le sçurent, & on s'imagine peut-être qu'ils se réjouirent d'un évènement qui pouvait retarder la conquête de leur patrie ; mais la logique ordinaire n'est pas celle des Historiens d'Alexandre : à les croire, ils envoyèrent au Héros des Ambassadeurs, qui lui déclarèrent que si l'armée avait découvert l'audacieux qui l'avait blessé, elle l'aurait remis, enchaîné, dans ses mains, *parce*

____

(*a*) L'itinéraire d'Alexandre ferait croire que je fleuve dont il s'agit ici, n'est pas le Tanaïs, mais le Jaxarte.

qu'il n'appartenoit qu'aux impies de faire
la guerre aux dieux ; & d'après ce raifon-
nement, fi abfurde dans la bouche d'un
peuple libre & fier, les Barbares, ajoute
la tradition grecque, fe foumirent volon-
tairement aux loix des Macédoniens. Le
Dieu, bleffé & mourant, reçut alors les
impies fous fon obéiffance.

Il paraît que le Dieu des Scythes ne le
fut pas pour le refte de l'Afie. Tout-à-
coup on apprit que les Sogdiens s'étaient
révoltés, que la Bactriane, à leur exemple,
avait fecoué le joug Macédonien, & qu'un
nouvel effaim de Barbares venait défendre
les plaines arrofées par le Jaxarte. Alexandre, qui n'aimait la gloire qu'au milieu
des périls qui la multiplient, divife fon
armée en plufieurs corps, & vient, en
perfonne, faire le fiége d'une ville de
Cyropolis, bâtie, dit-on, par le Héros
de la Perfe, & fituée aux limites de fon
Empire ; il la prit d'affaut, &, malgré fa
vénération pour fon fondateur, il l'abandonna au pillage, & la rafa jufqu'aux

fondemens. De-là, il passa à une autre
ville de la Sogdiane, habitée par des
Mémacéniens, &, malgré sa longue résistance, il lui fit subir le même sort.
C'est à ce dernier siége que le Conquérant
reçut un coup de pierre à la tête, qui le
fit tomber sans connaissance : son éva-
nouissement fut si long, que l'armée crut
le perdre, & que la nouvelle de sa mort
parvint jusqu'en Macédoine.

A peine remis de ses blessures, Alexandre revint camper près du Jaxarte, & y
bâtit une ville de son nom, dont l'enceinte était de soixante stades. Les maisons, les édifices publics, les remparts,
tout fut construit dans l'intervalle de vingt
jours : la fondation de cette Alexandrie
est presqu'aussi merveilleuse que celle de
Thèbes, bâtie par la lyre d'Amphion, &
mérite, sans doute, la même créance.

Cependant les Scythes, qui habitaient
de l'autre côté du Jaxarte, ne pouvaient
voir, avec indifférence, qu'on bâtît une
ville pour dominer leur fleuve : ils en-

voyèrent vingt Ambassadeurs à Alexandre, qui traversèrent le camp à cheval, & entrèrent dans la tente du Roi. Ces Barbares, (& on se doute bien que je ne suis, en ce moment, que l'interprète des contes historiques de Quinte-Curce), ces Barbares, dis-je, furent long tems à considérer, en silence, le vainqueur de Darius. Accoutumés à juger des héros par la taille, ils trouvaient celui-ci bien au-dessous de sa renommée ; enfin, quand le moment de la surprise fut passé, l'un d'eux prononça une harangue, telle qu'Homère, s'il n'eût eu qu'une belle imagination, sans l'ombre de goût, l'eût fait prononcer par un des héros de l'Iliade. Il faut transcrire ici la plus grande partie de cette harangue, pour montrer combien Quinte-Curce avait d'esprit, & le peu d'autorité qu'il a en histoire.

„ Si les Dieux (a), ô Alexandre,

_____

(a) *Quint.-Curt.* lib. 7, cap. 8.

» t'avaient donné un corps proportionné
» à ta vaste ambition , l'univers entier
» ne pourrait te contenir ; d'une main tu
» toucherais l'Orient , de l'autre l'Occi-
» dent , & peu satisfait encore, tu vou-
» drais suivre le soleil , & savoir où cet
» astre va ensevelir l'éclat céleste de ses
» rayons. Tel que la Nature t'a formé,
» tu aspires encore où tu ne saurais at-
» teindre : de l'Europe tu passes en Asie ,
» & de l'Asie tu repasses en Europe , &
» quand le genre humain sera tout entier
» sous tes loix , tu feras la guerre aux
» frimats , aux fleuves , aux forêts & aux
» bêtes sauvages qui les habitent : mais
» quoi , ignores-tu que le cèdre le plus
» élevé , s'il faut un siècle pour le faire
» croître , il ne faut qu'une heure pour
» l'arracher ? Il y a de la folie à pro-
» mener ses regards avides sur les fruits
» d'un arbre , sans en mesurer la hauteur.
» Prends garde , en grimpant avec effort
» jusqu'au sommet , de tomber avec les
» branches que tu auras saisies. Le lion

» fert quelquefois de pâture aux oifeaux
» les plus petits, & quelque dur que foit
» le fer, la rouille à la fin le confume.

» Réponds, homme inconfidéré, qu'a-
» vons-nous à démêler avec toi ? Nous a-t-
» on jamais vu, les armes à la main, dans
» tes Etats ? N'eft - il pas permis, à des
» Sauvages qui habitent de vaftes forêts,
» d'ignorer qui tu es, & d'où tu viens ?
» Saches que nous ne fommes pas faits
» ni pour fubir le joug, ni pour l'im-
» pofer.

» Tu te vantes de parcourir la terre
» pour exterminer les brigands ; mais,
» toi - même, de quels brigandages ne
» t'es-tu pas rendu coupable ? Toutes
» les nations qui ont fubi ton joug, ne
» t'ont elles pas enrichi de leurs dépouil-
» les ? N'as-tu pas pillé la Lydie, la Syrie
» & la Perfe ? L'or même des Indiens a
» ébloui tes yeux , & tu viens jufqu'en
» Scythie ravir nos troupeaux , & nous
» rendre tributaires de ton avarice. Qu'a-
» vais-tu befoin de toutes ces richeffes,

» qui ne font qu'accroître ta foif de l'or,
» & de tous ces vains trophées, qui ne
» font que la femen.e de nouvelles guer-
» res & de nouveaux défaftres ?

» Traverfe feulement le fleuve qui
» nous fépare, & tu verras l'étendue de
» nos domaines. Tu auras beau nous
» pourfuivre, tu ne faurais nous attein-
» dre. Notre pauvreté fera toujours plus
» agile que ton armée, chargée des dé-
» pouilles de l'Orient.

» Crois-moi ; impofe un frein à ta
» profpérité, afin que tu puifles la gou-
» verner plus facilement. Nos Sages di-
» fent que la Fortune eft fans pieds, mais
» qu'elle a des mains & des ailes, & que
» lorfqu'elle tend les mains, elle donne
» aufli l'effor à fes ailes pour s'envoler.

» Ne t'imagines pas que les peuples
» que tu auras fubjugués, puiflent jamais
» t'aimer ; il ne peut y avoir d'amitié
» entre le maître & l'efclave ; au fein
» même de la paix, le vainqueur con-
» ferve les droits de fa victoire. Mais,

» fais alliance avec nous ; tu vois que
» nous tenons les clefs de l'Asie & de
» l'Europe : eh bien, nous serons les sen-
» tinelles qui veilleront, de deux côtés,
» à la sûreté de ton Empire. Choisis,
» nous te laissons le choix de notre haine
» ou de notre reconnaissance (*a*) «.

Les déclamations des Rhéteurs n'in-
tervertissent en rien l'ordre ordinaire de
la politique. Alexandre, dit-on, écouta,
jusqu'au bout, toute la harangue des
Scythes, traversa le Jaxarte sur des ra-

(*a*) Telle est, en substance, cette fameuse
harangue, dont nous n'avons retranché que
les répétitions & les détails. C'est avec la plus
grande surprise que nous avons lu, dans l'ouvrage d'un Critique, d'ailleurs infiniment judicieux, que *le fonds* de la déclamation de
Quinte - Curce *était très - analogue au caractère
des personnes qui l'ont prononcée, que le costume
y est conservé, & que c'est injustement qu'on en
attaque la vraisemblance.* Voyez le Baron de
Sainte-Croix, *Examen critique des Historiens
d'Alexandre*, pag. 87.

deaux, & ayant présenté la bataille aux
Barbares, leur fit perdre le titre d'invin-
cibles, qu'ils avaient conservé jusqu'à
cette époque ; ce qui ne contribua pas
peu à affermir sa domination, soit en
Asie, soit en Europe.

Les fables continuent à naître des fables, sur-tout sous la plume de Quinte-
Curce. Alexandre, dit ce Rhéteur, traversa les huit cents stades de déserts, qui
composent la largeur de la Sogdiane, &
ayant fait, dans son expédition, beaucoup
de prisonniers, il choisit, parmi eux,
trente jeunes gens des premières familles
du pays, tous bien faits & d'une physio-
nomie heureuse, pour les envoyer au
supplice.

Dès qu'on eut lu à ces infortunés leur
sentence, tous de concert se mirent à
danser, à chanter des hymnes d'allégresse,
& à donner tous les signes de la joie la
plus excessive. Le Conquérant étonné,
leur demande pourquoi ils vont si gaî-
ment à l'échaffaut : » Nous serions dans

» la douleur, répondent-ils, si un Roi
» ordinaire nous faisait subir la mort ;
» mais quand c'est Alexandre, le vain-
» du monde, qui nous demande nos
» têtes, nous les donnons avec joie ; un
» trépas aussi glorieux vaut pour nous,
» la plus brillante des victoires «.

Ce trait d'adulation fit son effet.
Alexandre, qui avait plus besoin des
services que de la mort de pareils esclaves, leur fit grace, & les incorpora dans
sa phalange.

Il y a un peu plus de vraisemblance
dans la manière dont le Héros s'empara
du rocher d'Oxus, le boulevard de la
Sogdiane. On donnait ce nom à une for-
teresse, située sur la cime d'une montagne escarpée, & où on ne pouvait
monter que par un sentier taillé dans le
roc. Arimase en était le Gouverneur ;
lorsque le héraut d'Alexandre lui proposa d'en remettre les clefs, il demanda,
avec ironie, si son maître, qui pouvait
tout, avait des ailes pour l'atteindre sur

la cime de son rocher. Ce Satrape pouvait
s'exprimer avec cette fierté, si, comme
l'assure une tradition très-suspecte, il avait,
dans les cavernes de son rocher, des mu-
nitions pour deux ans, & une garnison de
trente mille hommes. Mais le Roi de
Macédoine, qui ne doutait de rien,
commanda à trois cents soldats des plus
braves de son armée, d'aller escalader
un côté du rocher qu'on ne gardait pas,
parce qu'on le jugeait inaccessible, & quand
ceux - ci, après avoir bravé mille morts,
eurent atteint un poste d'où ils dominaient
la citadelle, les trompettes répondirent,
dans la plaine, au signal, & toute l'armée Macédonienne fit retentir les airs
de ses chants de victoire. Arimase effrayé,
se crut perdu, & se rendit avec l'élite
de sa noblesse. Mais Alexandre, qui
pardonnait rarement à la valeur de ses
ennemis, & encore moins à leurs railleries, ordonna qu'on battît de verges
tous ces infortunés, & les fit attacher en
croix au pied de leur rocher.

Tous ces exploits grossis, d'un côté par la terreur des vaincus, & de l'autre par l'adulation des vainqueurs, rendaient le nom d'Alexandre célèbre dans l'Orient. Une Thaleſtris, Reine des Amazones, voulut, dit-on, voir par ſes yeux le grand homme qui faiſait ainſi taire toutes les renommées, & ſe rendit dans ſon camp à la tête de trois cents de ſes guerrières d'élite (*a*); le Roi lui demanda quel était l'objet de ſon voyage, & elle répondit,

---

(*a*) C'eſt par conjecture que nous plaçons ici l'époque du voyage de Thaleſtris. Car il n'y a, à cet égard, aucun accord entre les Hiſtoriens d'Alexandre : Quinte-Curce & Juſtin la font arriver, dans le camp des Macédoniens, après la réduction de l'Hyrcanie; Diodore, ap ès un ſecond voyage du Héros dans cette partie de la Perſe; Plutarque, après le paſſage du Jaxarte, & Arrien, parmi les évènemens qui ſuivirent l'expédition des Indes. Mais peu nous importe l'époque d'un évènement qui ne devrait trouver ſa place que dans la Théogonie d'Héſiode, ou dans les Métamorphoſes.

avec naïveté, qu'elle venait le prier de la rendre mère, & de lui permettre ainsi de propager la race des conquérans du monde. Le Héros flatté, se rendit à ses vœux, & lui accorda treize nuits, pour lui assurer qu'elle serait la mère d'un nouvel Alexandre (*a*).

Exposer un pareil fait dans un siècle philosophique, c'est, sans doute, l'avoir assez réfuté. Nous ajouterons, pour l'honneur des Anciens, que leurs Ecrivains les plus judicieux n'y croyaient pas. Strabon relègue, parmi les héroïnes des fables, cette Thalestris, qui vient, à pied, avec trois cents femmes, des bords du Thermodon, jusqu'aux portes Caspiennes, dans l'espace de six mille stades, ou de cent trente-quatre de nos lieues astronomiques (*b*), pour avoir un enfant d'un

-----

(*a*) *Acrior ad venerem femina cupido quam Regis, ut paucos dies subsisteret, pertulit; tredecim dies in obsequium desiderii ejus absumpti sunt.* Voy. *Quint-Curt.* lib. 6, cap. 5.

(*b*) *Strab.* Geogr. lib. 11.

héros, qu'elle ne connaît que par la renommée ; Ptolémée & Aristobule, compagnons des travaux du vainqueur de Darius, n'avaient point consigné cet évènement étrange dans leurs ouvrages, & Arrien s'autorise du silence de Xénophon, dans sa fameuse Retraite des Dix-Mille, pour prouver que s'il y eut des Amazones autrefois sur les bords du Thermodon, elles n'existaient plus au siècle d'Alexandre (a).

Cependant, comme toutes les fables ont un noyau historique, voici, peut-être, le noyau de celle de Thalestris.

Atropatas, Satrape de Médie, à l'affût de tout ce qui pouvait flatter les inclinations guerrières de son nouveau Souverain, habilla, en Amazones, cent femmes Barbares, & les fit passer au camp des Macédoniens. Alexandre trouva la plaisanterie de son goût ; cependant, dans

______

(a) *De Expedit. Alexand.* lib. 7, cap. 13.

la crainte des attentats d'une foldatefque effrénée, il ne voulut pas les incorporer dans fa phalange, mais il leur dit avec gaîté, en les renvoyant, qu'il irait un jour trouver leur Reine, pour donner naiffance à un nouveau peuple d'Amazones.

PRÉTENDUE CONSPIRATION,

ET

SUPPLICE DE PHILOTAS.

ASSASSINAT DE PARMÉNION (a).

ALEXANDRE dans son camp, & vu de près avec son orgueil & toutes ses faiblesses, n'était pas un dieu pour ses Généraux, comme il l'était pour les Barbares : ceux que le Héros admettait

---

(a) L'histoire de Philotas est le chef-d'œuvre de Quinte-Curce ; il y est ordinairement éloquent sans être déclamateur ; au reste, son récit a d'autant plus de poids, qu'il n'a fait qu'étendre le texte de Diodore ; texte qui se concilie avec ceux d'Arrien, de Plutarque & des autres Historiens d'Alexandre.

dans sa plus intime familiarité, se per-
mettaient quelquefois de ces railleries,
restes de l'ancienne liberté Grecque, que
la nature du Gouvernement absolu sous
lequel ils vivaient, rendait, sinon criminelles, du moins déplacées; & quand le
Monarque en était instruit, il se vengeait
avec la fierté d'un Despote de Perse, à
moins qu'on n'eût l'adresse de mettre en
jeu sa grandeur d'ame; car la haine contre
ses ennemis était toujours subordonnée,
en lui, à l'amour de la gloire.

Parmi les froides vengeances qu'A-
lexandre exerça contre ses amis indis-
crets, & où l'homme, petit & vain,
parut, & non le héros, il faut distinguer
le supplice de Philotas. Ce jeune Macédonien, fils de Parménion, était vaillant,
généreux, mais le plus fier de tous les
hommes; comme sa présomption était
brisée sans cesse par celle d'Alexandre,
il cherchait, de tems en tems, à rabaisser
ce Prince, qui l'honorait de sa confiance.
Un jour, épanchant son ame dans le sein

d'Antigona fa maîtreffe : » Ces Rois de
» Macédoine, lui dit-il, nous doivent
» tout ; qu'aurait été Philippe fans Par-
» ménion, & que ferait maintenant
» Alexandre fans Philotas ? Le fils
» d'Olympias fe donne Jupiter pour
» père, mais fi nous révélions les four-
» beries du Prêtre d'Ammon, que de-
» viendrait cette abfurde apothéofe « ?

La courtifanne eut la baffeffe de trahir
le fecret de l'amour, & d'accufer elle-
même Philotas auprès d'Alexandre. Celui-ci diffimula fon reffentiment, &
attendit un autre prétexte pour l'exhaler.
Quand les Defpotes veulent frapper des
courtifans enviés, les prétextes naiffent
d'eux-mêmes. Un certain Dymnus,
homme peu confidéré, qui avait à fe
plaindre du Roi, avait tramé un complot
pour l'affaffiner, & la confpiration ayant
été éventée, par le Ganymède de ce fcélérat, on s'était adreffé à Philotas, comme
à la perfonne qui avait le plus d'accès auprès du Prince, afin de l'en inftruire.

Celui-ci qui, par le nom obſcur des conjurés, jugea le complot ſans vraiſemblance, ne crut pas à propos d'alarmer Alexandre & eut l'imprudence de garder le ſecret fatal. Cependant, il tranſpira par une autre voie, & Dymnus, appellé dans la tente du Héros qu'il voulait aſſaſſiner, & ſe doutant que ſon crime était découvert, ſe perça de ſon épée, pour ſe dérober à la honte du ſupplice.

Alexandre, inſtruit du ſilence coupable de Philotas, ſentit ſe réveiller tous les aiguillons de ſon ancienne haine, & ſe vengea avec un raffinement de cruauté qu'on ne devait pas attendre d'un Héros qui mettait quelque prix à l'eſtime des hommes. Il fit venir l'infortuné, & lui ordonna de ſe juſtifier. Celui-ci le fit avec nobleſſe & avec décence; il termina ſon diſcours en embraſſant les genoux du Roi, & en le priant de lui pardonner l'erreur d'un moment, en faveur de ſes anciens ſervices. Alexandre le releva avec une bonté apparente, lui tendit la main en signe de réconciliation , & l'armée entière crut que tout était oublié.

A peine Philotas était-il sorti , qu'Alexandre tint conseil dans sa tente. Cratère & les autres Généraux qui y furent appellés , lurent aisément , dans les yeux du Roi, qu'il desirait qu'on trouvât coupable le fils de Parménion, & , ravis de faire parade de leur zèle , en perdant un rival qu'ils cherchaient , depuis long-rems , à supplanter , ils firent entendre , adroitement , que Philotas avait à se reprocher un autre crime que son silence ; que depuis long-tems il aspirait au trône de Macédoine ; que sa coupable ambition avait transpiré dès le tems de la conquête de l'Egypte , & qu'il y aurait d'autant plus de danger à lui pardonner, qu'un cœur aussi superbe que le sien , regarderait toujours comme un outrage une grace qui l'humiliait. Ces courtisans, vils & lâches , conclurent qu'il fallait faire subir la question à Philotas, pour le forcer à déclarer ses complices. Alexandre ravi, leur recommande le secret, & les congédie.

Comme le Monarque feignait de craindre l'infortuné qu'il venait de condamner, afin d'endormir sa prudence par son machiavélisme, il l'invita à souper avec lui. Ce fut son dernier repas. Le tyran (car l'Histoire ne peut ici donner d'autre nom au vainqueur de Darius) s'y fit un jeu cruel de caresser sa victime.

La nuit même qui suivit ce festin perfide, Philotas fut arrêté dans son lit, on lui mit les fers aux pieds, on étendit un voile sur son visage, & on le conduisit ainsi au milieu du camp, à côté du cadavre ensanglanté de Dymnus, qui semblait déposer contre son régicide.

L'armée assemblée, Alexandre parut, les yeux baissés, la pâleur sur le front, & déclara qu'il venait de découvrir une trame contre sa vie ; que Parménion, du sein de la Médie, en était le chef invisible ; que Philotas, dans le camp, en avait ourdi, avec adresse, tous les fils,

& que Dymnus, dont on voyait le corps fanglant , avait tenté de l'exécuter. La multitude , qui n'a pas befoin qu'on la convainque, pourvu qu'on fache l'émouvoir, frémit du danger de fon Roi, & quand Alexandre vit fon indignation à fon comble, content du rôle qu'il avait joué dans ce drame terrible , il fe retira.

Philotas s'évanouit, quand il s'entendit accufer de régicide ; mais revenu à lui-même, il n'eut pas de peine à fe juftifier d'une accufation auffi vague, & j'ofe dire auffi deftituée de vraifemblance ; puis fe tournant du côté où il fuppofait Alexandre (car on dit que ce Prince écoutait tout, caché derrière un rideau) : » ô mon » Roi , s'écria t-il , en quelque lieu » que tu fois, daigne m'entendre ! fi j'ai » été coupable en célant l'attentat de » Dymnus , j ai fait l'aveu de ce moment » de faibleffe , & tu me l'as pardonné : tu » m'as donné ta main royale pour gage , » & j'ai eu l'honneur depuis d'être admis » à ta table : fi tu as ajouté quelque foi à

» mes défenses, je suis innocent, & si
» tu m'as pardonné, j'ai ma grace «.

Alexandre vit que sa victime pouvait
lui échapper, il reparut à l'instant devant
l'assemblée, &, sous prétexte de prendre
de nouvelles lumières, il remit le jugement au lendemain.

Dans l'intervalle, Philotas fut appliqué
à la question. Le fer, le feu, & tout ce
que la cruauté la plus raffinée put imaginer d'horreurs, fut employé pour lui
arracher des aveux, qui rendraient au
moins, aux yeux de ses bourreaux, son
supplice légitime. L'infortuné fut long-
tems assez maître de lui-même, pour
qu'il ne lui échappât pas le plus léger
gémissement ; enfin, quand tout son
corps ne fut plus qu'une seule plaie,
voyant les satellites des fureurs d'A-
lexandre préparer de nouveaux tourmens, vaincu par la douleur ; *eh bien,
Cratère*, s'écria-t il, *d'une voix mourante,
dicte-moi les aveux que ta fureur exige*,
& sans attendre sa réponse, il imagina

une efpèce de Roman, qu'il tâcha de rendre vraifemblable, où il accufa tous ceux dont la puiffance faifait ombrage aux favoris du Roi, & fur-tout fon père Parménion.

Cependant, la nouvelle de la queftion qu'on faifait fubir à Philotas, s'était répandue dans le camp. Les parens de l'infortuné craignirent les fuites de la loi féroce des Macédoniens, qui voulait que tous les parens d'un criminel de lèze-majefté partageaffent fon fupplice. & déja les uns cherchaient un afyle dans le fond des déferts, & les autres fe perçaient de leur propre épée, lorfqu'Alexandre, qui appréhenda de fe rendre trop odieux, fit publier une amniftie générale pour les parens des conjurés; mais il n'abolit pas la loi, qui pouvait, en cas de befoin, fervir de voile à fa tyrannie.

A la pointe du jour, l'horrible tragédie fe dénoua; on lut, à l'armée, les dépofitions de Philotas, & le malheu-

reux, condamné avec une forte d'unanimité, fut affommé à coups de pierres,
fuivant les ufages du code criminel de
Macédoine.

La fureur d'Alexandre n'était encore
affouvie qu'à moitié, tant qu'il laifferait
refpirer Parménion. Mais comment faire
le procès à un Général, au milieu d'une
armée qui l'adore? Le Defpote, au défaut
de la force, employa la plus noire perfidie.
Il corrompit un nommé Polydamas, qui
avait toute la confiance de l'infortuné, &
comme on le foupçonnait d'avoir trempé
dans le complot de Dymnus, on lui promit
fa grace, à condition qu'il affaffinerait l'ami
de fon cœur. Polydamas, qui attachait
quelque prix à une vie qu'il allait couvrir
d'opprobre, eut la faibleffe de promettre
le crime, & la lâcheté de l'exécuter.

Parménion fe promenait tranquillement
dans le parc d'une de fes maifons de plai-
fance, quand on lui annonça l'arrivée de
Polydamas; il s'élance dans fes bras, &
après les premières careffes de l'amitié, il

lui demande, avec fenfibilité, des nouvelles du Roi. *Ses lettres vont vous l'apprendre*, lui répond le perfide ; Parménion les lit avec émotion : *Je vois*, dit ce
Général, *qu'Alexandre fe prépare à une
nouvelle expédition. Quelle activité grands
Dieux & quel courage! Mais ne ferait-il
pas tems qu'il fongeât à jouir en paix de
fa gloire!* Un moment après, on lui préfente une lettre prétendue de Philotas,
qu'Alexandre avait été affez vil pour
fceller lui-même du cachet de fa victime.
C'était le fignal pour les complices de
l'affaffin : à peine Parménion en commençait il la lecture, qu'on le perça de
plufieurs coups de poignard, & il tomba,
fans vie, aux pieds de Polydamas. Sa tête,
le lendemain, fut envoyée à Alexandre.

Ainfi fe termina la fameufe confpiration de Philotas ; quelque nuages que
les enthoufiaftes de la gloire d'Alexandre
aient répandu fur cet évènement, il eft
impoffible d'en lire tous les détails dans
l'hiftoire, fans fe perfuader que l'unique

crime de Philotas & de Parménion , était
de n'avoir point regardé comme un dieu,
le tyran qui les fit affaffiner ; & quand
même il ferait échappé à ces infortunés
des murmures coupables, la manière dont
Alexandre fe vengea , eft mille fois plus
atroce, que le crime même qu'il cherchait
à punir. Si on avait plufieurs crimes de ce
genre à reprocher à la mémoire de ce
Prince, il faudrait , malgré le grand nom
qu'il a laiffé, le mettre à côté des Cam-
byfe, des Néron & des Aurengzeb ; &
qu'on ne me faffe pas un crime d'une pareille opinion, c'eft avec cette courageufe
franchife que doit s'exprimer l'Hiftoire ,
qui n'aime ni ne hait les héros qu'elle
deffine, mais qui dit la vérité aux hommes.

MEURTRE DE CLITUS.

CLITUS était un vieil Officier de Philippe, qui avait fait toutes les campagnes des Macédoniens depuis vingt ans, & qui, passant sa vie dans le tumulte des camps, n'avait pu plier son ame fière à ce manège des Cours qui mène à la fortune & au pouvoir. Alexandre devait la vie à sa valeur, car, à la bataille du Granique, comme il marchait sans casque, à la tête de ses soldats, un Perse s'étant glissé derrière lui, & levant déja le bras pour le frapper, ce fut Clitus qui, d'un coup de cimeterre, abattit la main du Barbare ; mais le Prince craignait son bienfaiteur, encore plus qu'il ne l'aimait, comme c'est l'usage des despotes, à qui tout fardeau est pénible, même celui de la reconnaissance.

Ce fut la liberté de Clitus qui le perdit.

Alexandre donnait un grand repas à ses Généraux, & quand le vin eut échauffé les têtes des convives, on se mit à passer en revue tous les héros de l'antiquité, pour les rabaisser : *Quelques-uns de ces êtres serviles*, dit Arrien, *nés pour corrompre les Souverains, qui s'introduisent dans les Cours, & dont elles ne manquent jamais*, avancèrent que Castor & Pollux n'avaient rien fait qui pût entrer en parallèle avec les exploits du vainqueur de Darius ; d'autres n'épargnèrent pas même le grand Alcide, & Alexandre savourait, avec volupté, cet encens dont on l'enivrait. Clitus prit alors le parti des demi-Dieux, avec sa liberté ordinaire ; comme ses traits frappaient à-la-fois l'idôle du jour & ses adorateurs, le Roi se crut offensé, & la dispute s'échauffa au point, que celui-ci, ivre à-la-fois de colère & de vin, ne pouvant plus répondre à son critique, le tua.

Plutarque donne une autre origine à la querelle de Clitus & d'Alexandre, & les détails curieux qu'il en donne, ne font pas indignes de la majefté de l'Hiftoire.

Un Poëte obfcur avait fait une chanfon contre quelques Capitaines Macédoniens, qui venaient de fe laiffer battre par les Barbares, & un des Généraux la chantait, au repas d'Alexandre, avec une gaîté qui fe communiquait à la plûpart des convives. Clitus trouva très-indécent, qu'on critiquât ainfi, en leur abfence, des Officiers très-fupérieurs à ceux qui les tournaient en ridicule, & à qui on ne pouvait reprocher, que d'avoir été malheureux; & il le dit, avec franchife, comme il l'avait penfé.

C'eft un crime de lèze Majefté aux yeux des Rois abfolus, de trouver mauvais ce qui les amufe. Alexandre, bleffé de la liberté de Clitus, dit, avec une ironie amère, *fans doute qu'en appellant la lâcheté un malheur, Clitus veut plaider fa propre caufe.* Ce trait atroce, que le vin même n'excufe pas, ulcéra l'ame fenfible d'un Officier, dont l'honneur était l'élément ; il se leve, & les yeux bouffis de vin & d'indignation : *C'est pourtant le lâche que tu outrages, dit-il, qui te sauva la vie au Granique, lorsque, tout fils des Dieux que tu es, tu tournais le dos à l'épée de Spithridate : c'est par le sang des lâches tels que moi & par leurs blessures, que tu es devenu assez grand, pour répudier Philippe ton père, & te déclarer enfant de Jupiter.*

Alexandre ne put se contenir : *Scélérat, voilà les injures que tu exhales tous les jours contre moi ; c'est ainsi que tu animes des soldats enclins à la rebellion ; mais tu ne triompheras pas long-tems de ton insolence.* Cependant la querelle s'échauffait de plus en plus ; Clitus, qui joignait à la liberté que lui donnait sa franchise, celle de l'ivresse, ne veut point céder à son maître : *Si Alexandre, s'écrie-t-il, ne veut que des adulateurs, qu'il n'appelle point à sa table des Grecs, qui ne savent dire que la vérité ; il trouvera ici assez de barbares ou d'esclaves avilis, qui adoreront son diadême à la Perse, ses caprices & ses fureurs.*

A ces mots, le Roi, outré, jette un fruit à la tête de Clitus, & cherche son épée; heureusement, dès le commencement du tumulte, un de ses Officiers avait eu la prudence de la lui ôter. Il crie alors, en langage Macédonien, qu'on fasse venir ses gardes, & ordonne au Trompette de sonner l'alarme; comme celui-ci refusait d'obéir, Alexandre se respecta assez peu, pour lui donner un grand coup de poing sur le visage. Le soldat se tut, par respect, mais n'en sonna pas davantage l'alarme. *Depuis ce tems-là, dit le bon Plutarque, le Trompette n'en fut que plus estimé.*

Cependant, comme les esprits s'aigrissaient à chaque instant de plus en plus, quelques-uns des convives prirent le parti de pousser Clitus, malgré lui, hors du sallon; mais il rentra par une autre porte, chantant, avec une audace effrénée, quelques vers de l'Andromaque d'Euripide qui faisaient allusion à la présomption déplacée d'Alexandre. Ce dernier trait de licence amena l'horrible dénouement. Le Roi, qui ne se possédait plus, arracha, à un de ses gardes, sa javeline, &, au moment que Clitus entr'ouvrait la portière pour se retirer, il la lui passa au travers du corps: l'infortuné poussa un mugissement horrible, & à l'instant il tomba mort aux pieds de son assassin.

Alexandre, si petit & si lâche dans toute cette querelle, se releva, avec une sorte de dignité, quand sa barbarie en eut avancé le terme; à la vue du sang qui ruisselait sur ses habits, son ressentiment disparaît, & le crime qu'il vient de commettre se présente à ses yeux dans toute sa noirceur; il se jette sur le corps palpitant de sa victime, l'embrasse avec transport, & veut se percer de la même javeline, qui a servi à son assassinat; ses gardes accourent, l'enlèvent, & le portent, à demi-mort, dans sa tente.

Le défespoir du héros (car il recommençait à le devenir) n'était point étudié. Il paffa la nuit & le jour fuivant dans toutes les angoiffes de la douleur & du remord, ne voulant parler à perfonne, refufant de prendre de la nourriture, & déterminé à fe laiffer mourir. Il eft fâcheux que tout cet appareil de grandeur d'ame, fe foit terminé par un nouveau trait de lâcheté.

Alexandre devait, à la mémoire de fon ami, de confoler fa famille défolée, par fes bienfaits; il fe devait à lui-même de renoncer à jamais au vin, qui l'avait conduit au plus odieux des affaffinats; il ne fit rien de tout cela: mais un infâme Sophifte, nommé Anaxarque, qu'il foudoyait pour l'aduler, s'étant écrié que *la volonté d'un maître décidait du jufte & de l'injufte*, le Monarque, flatté dans fes idées de defpotifme, fe jugea moins coupable, & revint à la vie; enfin un décret des Macédoniens, qui déclarait jufte le meurtre de Clitus, mit le comble à l'illufion : on porta, dans la tombe, le corps de l'infortuné Général, &, dans l'intervalle, le crime de fa mort fut oublié.

APOTHÉOSE

D'ALEXANDRE VIVANT.

HISTOIRE DU PHILOSOPHE CALLISTHÈNE, ET SON SUPPLICE.

MA plume se fatigue à retracer les crimes des demi-dieux de la terre ; mais condamné, par la vérité, à dénoncer, au tribunal des siecles, les héros dont la gloire a écrasé les hommes, je dompte ma répugnance, & je poursuis ma carrière.

Alexandre, souillé du meurtre de Philotas, de Parménion & de Clitus, & voyant qu'au lieu de recueillir la haine publique, on anéantissait ses remords, en faisant, de sa volonté suprême, l'ar-

bitre du jufte & de l'injufte, fier du fuccès
de l'infâme adulation d'Anaxarque, fe
crut un moment d'une nature fupérieure
aux Barbares qu'il fubjuguait, & aux
Grecs qu'il affaffinait fans péril; alors il
travailla à fon apothéofe.

Il fut d'abord embarraffé quelle Divinité de l'Olympe il repréfenterait fur la
terre, & il en effaya prefque tous les
rôles. Athénée rapporte (*a*) que tantôt il
fe faifait traîner dans un char, ayant l'arc
de Diane & fon carquois; tantôt il fe
montrait avec la foudre & les cornes de
Jupiter-Ammon. Le matin on le voyait
dans fa tente, avec les aîles de Mercure,
fes talonnières & fon caducée, & le foir,
il changeait ces habits de théâtre, contre
la peau de lion & la maffue d'Hercule.

Enfin l'infenfé fe rappellant la tradition
du ferpent Africain qu'on avait trouvé
couché avec fa mère Olympias, le grand

____

(*a*) *Deipnofoph.* lib. 12.

nom de fils adultérin d'Amphytrion qu'il croyait avoir déja éclipfé, & fur-tout l'oracle d'Ammon, choifit, parmi tant de généalogies abfurdes, d'être fils de Jupiter.

Les Perfes & les Barbares, avilis depuis long tems par l'habitude de l'efclavage, fe prêtèrent fans peine au caprice impie du conquérant ; mais de pareils hommages flattaient peu fon orgueil ; il voulut rendre jufqu'aux Grecs complices de fes facri-léges : les Poètes tels que Chérile, les Sophiftes tels qu'Anaxarque, prévinrent, comme on s'en doute bien, fes defirs, mais il échoua, quand il rencontra des Philofophes.

Arrien nous a confervé la fcène qui fe paffa dans la tente du Roi, quand on propofa aux Grecs de faire fon apothéofe, & elle mérite d'être tranfmife dans une Hiftoire des Hommes, avec tous fes dé-tails.

Le conquérant avait concerté, avec les Satrapes de la Perfe & les Sophiftes de

la Grèce, que la propofition s'en ferait
vers la fin d'un grand repas, & lorfque
les têtes, échauffées par les vapeurs du
vin, feraient moins en état de pefer les con-
féquences d'un pareil hommage. Anaxarque fe chargea de porter la parole, & il
le fit avec toute l'audace de l'adulation,
qui attend fa récompenfe, & tout l'efprit
de la lâcheté. Les Barbares applaudirent,
mais le grand nombre des Macédoniens
gardaient le filence ; alors Callifthène,
fur lequel la plûpart des yeux étaient attachés, voulant fauver l'opprobre de fa
patrie, tint ce difcours à Anaxarque.

» Alexandre eft digne, fans doute,
» de tout genre d'hommages, mais pourvu
» qu'on ne lui défère que ceux qui font
» dus à un grand homme. Les Dieux,
» les Héros & les Rois, ont chacun leurs
» cultes, & il ferait dangereux de les
» confondre. Rendre des honneurs reli-
» gieux à un Souverain, c'eft difpofer fon
» ame, par l'orgueil, à abufer de fon
» pouvoir & affaiblir le culte de recon-

» naiſſance, que tout être intelligent doit
» à l'Etre ſuprême. Alexandre ſouffrirait-
» il que nos ſuffrages illégitimes, don-
» nâſſent, à un étranger, le titre de Roi
» de la Perſe ou de la Macédoine ? à
» combien plus forte raiſon les Dieux
» ſont-ils bleſſés de voir un homme, qui
» ſera un jour la proie de la mort, s'aſ-
» ſeoir ſur leurs autels !

   » Souviens-toi, Anaxarque, que tu ne
» parles ici, ni à Cambyſe ni à Xerxès,
» mais au fils de Philippe. Hercule lui-
» même, dont il ſe fait gloire de deſ-
» cendre, n'a point été déifié, par les
» Grecs, de ſon vivant. Ce n'eſt que
» quand ce héros ne fut plus, que l'Oracle
» de Delphes ordonna ſon apothéoſe.

   » C'eſt envain qu'on citerait ici l'exem-
» ple des Rois de Perſe. Cyrus ſe crut
» Dieu, mais des Scythes l'en déſabuſè-
» rent ; Lacédémone & Athènes, ont
» donné la même leçon à Xerxès, dans
» les champs de Platée & de Marathon ;
» Alexandre lui-même vient de la re-

» nouveller, en renverſant le trône de
» Darius «.

Ce diſcours, à-la-fois ſage & courageux, fit impreſſion ſur les convives, &
Alexandre qui vit les eſprits mal diſpoſés, eut la politique de défendre lui-
même aux Grecs, d'adopter le culte que
lui rendaient les Satrapes.

Le Monarque, vivement bleſſé, mais
encore aſſez maître de lui-même, pour
concentrer, dans ſon cœur, tout ſon
dépit, fit, un moment après, une autre
tentative. Il venait de boire dans une
coupe d'or, il la fit paſſer à ſes convives,
à condition que ceux qui l'adoreraient,
pourraient ſeuls en faire uſage. Le premier
(Epheſtion, ſans doute) ſe proſterna,
comme devant le fils de Jupiter, &
Alexandre l'embraſſa ainſi que tous ceux
qui l'imitèrent dans ſa baſſeſſe. Quand
ce fut le tour de Calliſthène, ce Philoſophe prit la coupe ſans ſe proſterner,
but le vin qu'elle renfermait, & ſe leva,
comme les autres, pour recevoir l'em-

braffement du Roi ; mais celui-ci le re-
pouffa avec indignation : *Eh bien, dit
Callifthène, je reviens à ma place, avec
un baifer de moins, & je fuis tout confolé.*

Ce mot, & encore plus la critique du
difcours d'Anaxarque, laiffa une trace
profonde dans l'ame ulcérée d'Alexandre ;
dès-lors il fe promit d'en tirer une vengeance éclatante, & d'ajouter cette nouvelle victime aux ombres des Clitus, des
Philotas & des Parménion.

Callifthène, fi fameux par l'Ere Aftro-
nomique qui porte fon nom, était fils
de Héro, nièce d'Ariftote ; c'eft par le
crédit de cet homme célèbre, qu'il obtint la faveur d'Alexandre, & le privilége
de l'accompagner à la guerre de Perfe.
Plutarque a raffemblé quelques faits, qui,
mieux que fes éloges, donnent à la poftérité une idée du caractère de ce Philofophe.

Soupant une fois à la table du Roi, on
le pria de faire, fans être préparé, & la
coupe à la main, l'éloge des Généraux
Macédoniens qui venaient de conquérir

la Perse ; il prit, pour sujet, leur bravoure, & il les loua, avec tant de délicatesse, sans que ni lui ni eux eussent à rougir, qu'à la fin tout le monde se leva de concert, battant des mains, & jettant sur lui des couronnes. *Maintenant*, lui dit Alexandre, *il faut nous convaincre de la force de ton éloquence. Critique ces mêmes Guerriers dont tu viens de faire l'éloge ; tes leçons pourront les éclairer, & s'ils ne se fâchent pas, ils en deviendront plus hommes de bien.* Le Philosophe chanta la palinodie avec plus de succès encore, parce que le sujet qu'il avait à traiter était plus vaste, & il rendit ses portraits si ressemblans, que les originaux, tout en souriant de ses saillies, lui jurèrent une haine, qui ne se termina qu'à son supplice.

En général, l'austère franchise était la base du caractère de Callisthène ; il n'avait point ce génie souple, qui se plie aux circonstances, & sans lequel l'homme qui vit à la Cour des despotes, n'est rien. Quand il voyait un trait de bassesse, il le difait en face, même à fon Souverain, & cette vertu, toute fauvage qu'elle était, épargna, peut-être, plus d'un crime à Alexandre.

Le Philofophe, au refte, (car il faut être jufte) eut fouvent des torts ; au lieu de réferver cette auftérité de principes pour les occafions importantes, où l'honneur de fon Prince était compromis, il tourmenta fon orgueil dans une foule de petites circonftances, où il ne faifait que l'irriter fans motif. Quand on venait l'inviter à dîner à la Cour, il n'y allait pas, ou s'il s'y rendait, il annonçait, par fon filence ou par fon dédain, fa mifantropie. Alexandre lui fit fentir une fois fes torts, avec douceur, en parodiant un vers d'Euripide, dont le fens eft : *Je hais le Sage, qui ne fait pas l'être par lui-même.* Ce n'eft pas tout-à-fait ainfi que Platon, bien plus homme de génie que Callifthène, fans être moins Philofophe, fe conduifit à la Cour de Syracufe.

Enfin l'orage éclata contre lui, à l'épo-

que de la conjuration d'Hermolaüs ; car
la divinité d'Alexandre n'empêchait pas
qu'à chaque inftant, il ne fe tramât des
complots contre fa vie. Hermolaüs, un
des Pages du Conquérant, avait été puni
avec ignominie, parce que, dans une
partie de chaffe, il avait abattu, fans
ordre, la tête d'un fanglier, que le Prince
pourfuivait ; irrité d'un pareil affront, il
fe propofa de fe venger par lui-même,
en poignardant, dans l'ombre de la nuit,
le Monarque qu'il était chargé de garder
dans fa tente. Ce crime, mal concerté,
s'éxécuta mal, & le coupable fut traîné
au fupplice.

Callifthène, depuis long-tems, était
lié avec Hermolaüs ; on empoifonna cette
liaifon aux yeux d'Alexandre, on alla
jufqu'à dire, que le jeune homme ayant
demandé comment il pouvait devenir le
plus célèbre des hommes, le Philofophe
avait répondu, *en tuant celui qui a le plus
de droit à la célébrité ;* calomnie abfurde,
& qui n'aurait pas fait la plus légère im-

preſſion ſur le Prince, ſi elle avait été répandue avant la ſcène de l'apothéoſe.

Alexandre, quoiqu'Hermolaüs, dans les tortures de la queſtion, eût toujours déclaré que le Philoſophe n'avait pas la plus légère part à ſon attentat, perſiſta à voir, dans l'intimité des deux accuſés, une intelligence coupable qu'il deſirait, & il prouva au Philoſophe, ennemi de ſa divinité, qu'il était du moins le dieu du mal, en l'écraſant du poids de ſa vengeance.

Il y a, chez les Hiſtoriens, une grande diverſité d'opinions ſur le genre de ſupplice que ſubit Calliſthène ; ſuivant les uns, il fut mis en croix ; ſuivant d'autres, il fut enfermé dans une caverne, après qu'on lui eut coupé le nez, les lèvres & les oreilles : une tradition moins ſuſpecte, veut qu'il ait été enfermé dans une cage de fer, & que, rongé de vermines, il y ſoit mort, comme Sylla, de la maladie pédiculaire.

Juſtin, qui ſe croyait mieux informé

que les autres Historiens d'Alexandre, prétendait (*a*) que Lysimaque, un des meilleurs Généraux du conquérant, & qui régna après lui, voyant Callisthène, son ancien ami, lutter contre une mort lente & cruelle, lui donna du poison, pour abréger son supplice. Alexandre le sut, & dans sa fureur, le fit exposer à un lion ; mais le guerrier, également intrépide & robuste, étouffa la bête féroce, en lui enfonçant, dans la gueule, son bras enveloppé de son manteau. Ce trait de force fut, ajoute-t-on, admiré du Roi, qui rendit sa faveur à l'ami de Callisthène. Plusieurs critiques doutent de ce fait, à cause de la force plus qu'athlétique qu'il suppose dans Lysimaque ; pour moi, j'en doute encore plus, à cause du retour de générosité dans Alexandre.

Alexandre ne paraît point avoir eu des remords du supplice de Callisthène ; aussi

____

(*a*) Lib. 15, cap. 3.

sa mémoire en est couverte d'un opprobre ineffaçable : Sénèque, qui n'est pas toujours déclamateur, en parlait ainsi, sous le règne de Néron (*a*). » Callisthène fut
» un homme d'un esprit supérieur, dont
» l'ame fière était incapable de supporter
» les outrages d'un Monarque furieux ;
» sa mort est pour Alexandre une tache
» éternelle (*b*) ; que n'effaceront jamais,
» ni son courage ni ses exploits ; quand
» on dira qu'il a fait périr des millions
» de Perses, on répondra : mais il a tué
» Callisthène. Quand on dira qu'il a
» vaincu Darius, le Souverain d'un puis-
» sant Empire, on répondra : mais il a
» tué Callisthène. Quand on dira qu'il a
» couvert l'Océan de nouvelles flottes,
» qu'il a étendu son Empire depuis un
» coin obscur de la Thrace, jusqu'aux

(*a*) *Quæst. Natural.* lib. 6, cap. 23 ; je me sers de l'estimable traduction de la Grange.

(*b*) *Alexandri crimen æternum :* quelle expression pittoresque !

„ limites de l'Orient, on répondra : mais
„ il a tué Callifthène. Quand même il
„ aurait éclipfé la gloire des Rois & des
„ Héros fes prédéceffeurs, il n'a rien fait
„ de fi grand, que le crime d'avoir tué
„ Callifthène „.

CONQUÊTE DE L'INDE.

ALEXANDRE, à force d'habiter avec les Perses, qu'il avait vaincus, avait pris insensiblement toute la férocité de la maison royale de Cyrus. L'habitude du despotisme, l'engagea aussi à adopter les mœurs de ce peuple d'esclaves ; on le vit se produire dans son camp, avec la longue robe des Orientaux, placer la thiare de Darius sur sa tête, & la ceindre de son diadème. Diodore prétend qu'il se composa, à cette époque, un serrail de trois cents soixante-cinq concubines, toutes d'une beauté parfaite ; elles venaient, chaque soir, faire le tour de son lit, & il choisiait celle dont les graces lui plaisaient le plus, pour en faire la favorite du moment. Il couronna toutes ces in-

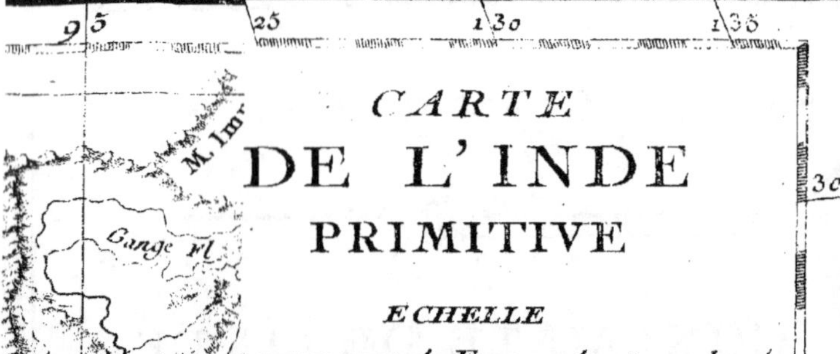
ist. des Hom. Part. anc. Tom. V. Pag. 229
95
25
130
135
30
CARTE
DE L'INDE
PRIMITIVE
ECHELLE
communes de France de 25. au degré
M. Im
Gange Fl

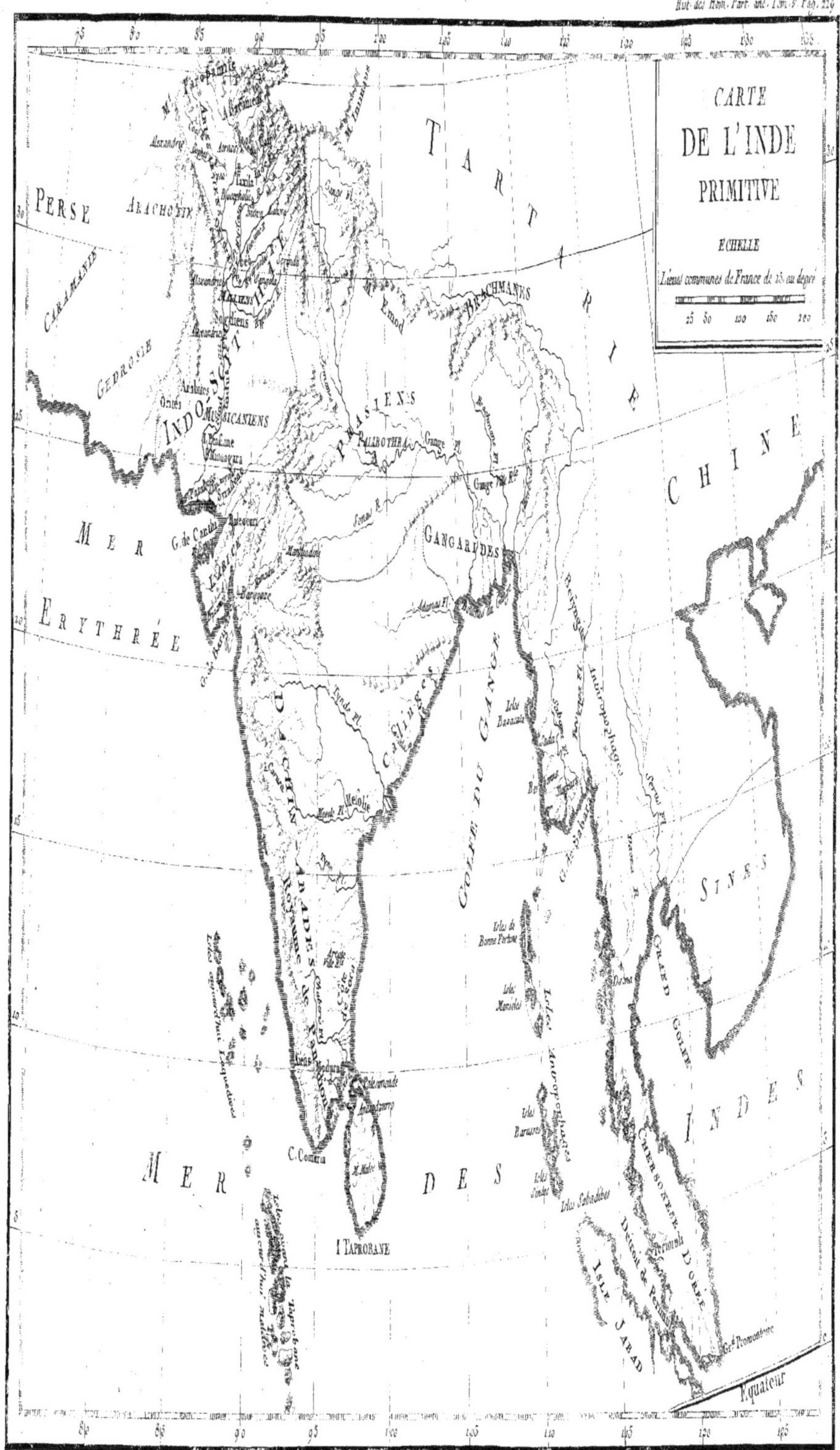
CARTE
DE L'INDE
PRIMITIVE
ECHELLE
Lieues communes de France de 25 au degré
25 50 100 150 200
PERSE
TARTARIE
CHINE
CARAMANIE
ARACHOSIE
GEDROSIE
INDO-SCYTHIE
SICANIENS
PRASIENS
BRACHMANES
PALIBOTHRA
GANGARIDES
MER ERYTHRÉE
DACHIN
Royaume de Arabes
GOLFE DU GANGE
SINAE
GRAND GOLFE
INDES
MER DES
C. Comorin
I. TAPROBANE
ISLE JABAD
Équateur

famies, par ſes amours avec l'Eunuque Bagoas (*a*).

Alexandre, couronné comme les Rois de Perſe, exigeant qu'on l'adorât, ayant leurs concubines & leurs Eunuques, n'était plus le vainqueur d'Iſſus & d'Arbelles. Un de ſes Généraux, que les mœurs Orientales n'avaient pu dégrader, eut le courage de lui faire preſſentir l'opprobre dont il ſe couvrait aux yeux de l'Aſie, & pour le guérir, préſenta, en perſpective, à ſon ambition, la conquête de l'Inde. Ce tableau fit, ſur le Prince, l'effet des armes préſentées par Ulyſſe à Achille, déguiſé en femme dans la Cour de Scyros; il rougit, jetta ſon diadême, ferma ſon ſerrail, & rentrant dans ſon camp, ſe retrouva Alexandre.

L'Inde (*b*), que les plus anciens livres

(*a*) *Diod. Sicul.* lib. 17, & *Athen.* Deipnoſoph. lib. 13.

(*b*) Pour avoir une connaiſſance plus particulière de la Géographie de l'Inde, & de l'ordre de l'Orient, les livres écrits en langue Samfcretane, défignent tantôt fous le nom de *Hindou*, tantôt fous celui de *Zomboudipo*, malgré les prétendues conquêtes de Bachus & d'Hercule, était prefqu'entièrement inconnue à l'Europe, avant l'expédition d'Alexandre. Strabon, qui avait été à portée de lire un grand nombre d'ouvrages Grecs, fur cette partie de l'Afie, n'en cite que des fables : » Les Hiftoriens » de l'Inde, dit ce judicieux Géographe (*a*), » ne méritent aucune créance; ce font » eux qui nous parlent de ces hommes, » enveloppés de leurs oreilles comme » d'un manteau, d'autres qui font fans » bouche, d'autres qui ont des cuiffes » coloffales, & les doigts par derrière; » ils renouvellent, dans leurs relations

chronologique des conquêtes d'Alexandre, il faut lire un chapitre qui a pour titre *Fragmens fur l'Inde primitive*, qu'on trouve à la page 228 du tome V de l'Hiftoire des Hommes.

(*a*) *Geograph.* lib. 2.

» erronées, les fables d'Homère fur les
» pygmées qui combattent les grues ; ils
» font mention de fourmis qui enfouiffent
» l'or, de faunes dont la tête eft en forme
» de coin, & de ferpens qui avalent des
» bœufs entiers ou des cerfs avec leurs
» bois «. Affurément l'Inde qu'habitaient
de pareils monftres, n'a jamais exifté que
dans l'imagination malade de fes Hiftoriens.

Même, après l'expédition d'Alexandre,
les Grecs ne concevaient encore qu'avec
peine, que ce conquérant eût vaincu, à
cette extrémité de l'Afie, des hommes
faits comme lui ; auffi il y a toujours,
dans leurs relations les moins fufpectes,
un mélange de fables qui les décréditent.
Envain les lumières, à cette époque,
s'étaient propagées du Péloponèfe jufqu'à
l'Apennin & aux Pyrénées, les Hiftoriens
femblaient n'être point de leur fiècle, &
appartenir au monde primitif.

Quand ensuite, dans le filence de
tout préjugé, on compare entr'eux les

récits d'Arrien, de Plutarque, de Diodore
& de Quinte-Curce, fur l'expédition de
l'Inde, on ne trouve aucun fil qui les lie ;
la Géographie de l'un n'eft point celle de
l'autre ; leur Chronologie n'eft point uni-
forme : les Auteurs ne s'accordent, fur
les faits, ni entr'eux, ni avec les traditions
du pays, ni avec eux-mêmes ; il faudrait,
pour établir une apparence d'ordre dans
un pareil cahos, faire un ouvrage plus
volumineux que l'hiftoire entière de la
Grèce, & un travail auffi immenfe, ferait
perdu pour la morale & pour la connaiffance des hommes.

Tâchons cependant, pour ne rien laiffer
à defirer fur l'hiftoire d'Alexandre, de
tracer un tableau rapide de fon expédition, non moins fufpecte que célèbre,
dans l'Inde, trop heureux, fi on retrouve,
dans un récit de quelques pages, une
vérité qui échappe, quand on la noye en
plufieurs volumes (*a*).

(*a*) Parmi nos guides ordinaires, Quinte-

Alexandre parti de Bactres vers le milieu du printems, traversa, en dix jours
de marche, la chaîne du Caucase, &
après une route, également longue &
pénible, arrivé sur les frontières de la région qu'il se proposait de conquérir, envoya sommer Taxile (a) & la plupart des
Princes qui régnaient en deça de l'Indus,
de venir lui rendre hommage : ce qu'ils
eurent la lâcheté d'exécuter.

Quelques peuples cependant, que la
vanité des Grecs appelle des barbares,
parce qu'ils n'avaient pas la même patrie,

Curce n'a d'autorité qu'aux yeux des Rhéteurs ;
Plutarque, voyageant dans l'Inde, est aussi
suspect, que quand il examine *la face de l'orbe
de la lune :* il ne nous reste qu'Arrien & Diodore ;
encore y a-t-il, dans l'ouvrage de ce dernier,
une lacune de seize chapitres.

(a) Taxile est un nom grec ; il est difficile de
deviner le mot indien qu'il représente, quand
même on résoudrait les énigmes étymologiques
avec autant de hardiesse que les Fourmont & les
Gebelin.

opposèrent une digue au torrent ; mais il leur en coûta cher ; Alexandre dévasta leurs campagnes, & , blessé d'une flèche, au siége d'une de leurs villes, la rasa jusques dans ses fondemens, & fit passer, au fil de l'épée, tous les êtres vivants que la terreur n'obligea pas à chercher un asyle au sein de leurs montagnes.

Le conquérant , arrivé aux pieds des remparts de Nysa, rencontra le Gouverneur, qui venait au-devant de lui, pour lui apprendre , dans une harangue très-diffuse, que Bachus avait donné à la ville le nom de sa nourrice ; que la montagne près de laquelle le camp des Macédoniens était assis, s'appellait *la Cuisse* , en mémoire du tems que le demi-dieu , au sortir du sein de Sémélé , avait passé dans la cuisse de Jupiter , & que la preuve que Bachus avait conquis l'Inde , était que Nysa voyait croître le lierre dans son territoire. D'après un discours aussi fort de raisonnement, Alexandre permit aux citoyens de la ville de Bachus, de se gou-

BACHUS DORMANT.

verner fuivant leurs propres loix. Cette anecdote eft du judicieux Arrien : ellé méritait de ne fe trouver que dans le roman de Quinte-Curce.

Maffaga, autre ville peu éloignée de Nyfa, n'avait pas le bonheur d'etre fituée fur la croupe de la montagne de la cuiffe, & d'avoir du lierre dans fon territoire; auffi on la détruifit de fond en comble, & la garnifon, qui avait capitulé avec les vainqueurs, ayant voulu s'évader la nuit, fut égorgée, fans qu'il en reftât un feul homme.

Alexandre tira un peu plus de gloire de la prife d'Aornos, forterefle fituée fur un rocher, auquel Arrien & Diodore donnent, l'un 3266, & l'autre 4896 pieds de hauteur. Hercule, difait on, avait été obligé d'en lever le fiége, & le héros de Macédoine s'en empara, fans égorger perfonne.

Alexandre n'ayant plus de contrée à fubjuguer en-deça de l'Indus, traverfa le fleuve, & vint au-devant de Porus, un des plus puiffans Princes de cette partie de l'Afie. Il rencontra, dans fa route, le fils de Taxile fon allié, qui, devenu Roi, par la mort du Monarque, venait, à la tête d'une armée formidable, non défendre fes Etats, mais en faire préfent au héros de la Macédoine. Celui-ci fe piqua de générofité, & rendit la couronne qu'on lui offrait, à fon héritier légitime.

Cependant Porus s'avançait avec cinquante trois mille hommes, foutenus par mille chars armés en guerre, & par cent trente éléphans; les deux armées fe rencontrèrent près de l'Hydafpe, que les Macédoniens osèrent traverfer pendant l'action; la mêlée fut fanglante; Porus, qu'on nous repréfente avec une taille de fept pieds & un courage fupérieur à fa taille, animant fes foldats du haut de l'éléphant qu'il montait, tint long tems la victoire incertaine. Alexandre la fixa, en ordonnant à fes troupes de diriger tous leurs traits contre la perfonne du Roi Indien; l'affreux ftratagême réuffit;

Porus , perdant tout son sang, tomba évanoui , & ses soldats , qui le crurent mort, prirent la fuite en désordre ; les Macédoniens firent neuf mille prisonniers, & se saisirent de quatre-vingt éléphans ; ils avaient passé , au fil de l'épée, douze mille hommes.

Cette bataille fut une de celles où Alexandre courut le plus grand danger pour sa vie. On prétend que dans le moment le plus critique de l'action , ce Prince, qui s'exposait , dans la mêlée , comme le dernier de ses soldats , ne put s'empêcher de s'écrier : *O Athéniens ! combien de morts j'affronte , pour obtenir un éloge de vous !*

Le lendemain de cette journée mémorable, on présenta, dit-on, Porus à Alexandre : *Comment veux tu que je te traite,* dit le héros à son prisonnier ? *En Roi,* répondit Porus ; mot sublime , mais qui ne méritait pas que l'immortel Racine en fît la base d'une Tragédie.

Le mot de Porus valut à ce Prince

l'amitié de son vainqueur, & le recouvrement de sa couronne.

Nous nous étendons assez peu sur la personne de ce Porus, dont l'histoire tient tant de pages, dans les Ecrivains de la vie d'Alexandre ; mais toute cette partie de l'expédition de l'Inde est tellement remplie de nuages, qu'il faut pardonner au scepticisme de l'effleurer.

Des Voyageurs Philosophes, qui, de nos jours, ont été étudier, dans l'Indostan, son histoire primitive, n'ont jamais pu concilier les traditions, soit orales, soit écrites des Gentoux, avec les romans ingénieux de Diodore, de Plutarque ou de Quinte-Curce.

Les Grecs, à l'arrivée d'Alexandre, partagent l'Inde entre une foule de Princes indépendans, & il est démontré, que dans le période de cette conquête, toute cette partie de l'Asie était soumise à un Prince de la maison de Succadir; on ne peut même fixer aucune époque, depuis l'obscur Brama jusqu'au trop célèbre Kouli-Kan,

où l'Inde ait secoué le joug de ses Despotes.

On voit les Historiens d'Alexandre,
prêter à Porus une armée formidable &
des mots sublimes; mais le sage Hollwell,
qui a passé, de nos jours, trente ans dans
l'Inde, & qui a appris, des Brames de
Bénarès, à rectifier nos idées sur l'histoire
des Gentoux & sur leur théologie, déclare
que le nom de Porus est parfaitement in-
connu dans l'Asie (a). Sa défaite, par les
Macédoniens, semble, à cet égard, un
drame d'imagination, dont le Poète a in-
venté, jusqu'aux noms des personnages.

Je ne décide cependant pas entre
Hollwell & les Ecrivains de la vie d'A-
lexandre. Toutes les pièces de ce grand
procès ne sont pas encore parvenues en
Europe; je veux seulement me justifier,
de ne point décrire les exploits du héros

____

(a) *Evènemens historiques du Bengale*,
tome 2, chap. 4.

Macédonien dans l'Inde, avec la même étendue que l'hiftoire de Philotas ou la bataille d'Arbelles.

Après le fameux combat de l'Hydafpe, Alexandre, dont la foif pour la gloire guerrière, s'irritait par fes conquêtes mêmes, marcha contre un neveu de Porus, qui refufait de fubir fes loix, brûla fes villes, & le força à chercher un afyle chez les Gangarides.

Dans l'intervalle, Sopithès, un des géants couronnés de l'Inde, mais qui avait un pied de moins que Porus, vint, hors des remparts de fa métropole, au-devant du conquérant, & lui offrit fon trône, que celui-ci lui rendit à l'inftant. La reconnaiffance de l'Indien éclata alors par de riches préfens, entr'autres par cent cinquante chiens d'une taille coloffale, qu'on difait s'accoupler avec des tigreffes. Ce conte phyfique & hiftorique, eft tiré de Diodore.

Alexandre croyait toucher aux limites de l'Afie; mais on lui apprit qu'au-delà du Gange, il y avait un Roi Xandramès, qui l'attendait avec une armée de deux cents mille hommes de pied & de vingt mille chevaux, outre deux mille chars & quatre mille éléphans dreſſés aux combats. Ce récit ne fit qu'enflammer ſon ardeur ; Jupiter Ammon lui avait promis la conquête de la terre, & il déclara publiquement, qu'il juſtifierait l'Oracle.

Heureuſement pour le repos de l'Aſie, les Macédoniens furent plus ſages que leur Roi ; ils déclarèrent que la terre, pour eux, finiſſait au Gange, & ils refuſèrent de le traverſer.

Alexandre diſſimula ſon dépit, revint ſur les bords de l'Indus, & ſe conſola de ce que ſa Monarchie univerſelle lui échappait, en bâtiſſant des villes, & en érigeant des monumens de ſes victoires.

Enfin le jour du départ fixé, les Macédoniens s'embarquèrent, dit-on, au confluent de l'Hydaſpe & de l'Acéſine, ſur une flotte de huit cents voiles, & vinrent faire le ſiége d'une petite ville des Oxydraques, très-obscure par elle-même, mais devenue célèbre, par un exploit singulier de chevalerie, que l'enthousiasme, peu raisonné des Grecs, a attribué à Alexandre.

On montait à l'assaut avec une lenteur dont l'activité du Prince s'indignait ; il arrache une échelle à un soldat, atteint le rempart, & voyant l'ennemi interdit de son audace, saute, l'épée à la main, dans la ville, & tue le Général des Oxydraques. Le combat d'un homme contre une armée entière qui l'enveloppe, ne pouvait durer long-tems ; un Indien le perce d'une flèche barbelée, de trois pieds de longueur, & le fait tomber nageant dans son sang. Dans l'intervalle, les Macédoniens, instruits du péril de leur Roi, avaient escaladé les murs ; ils se firent jour jusqu'au lieu où l'infortuné était étendu sans connaissance, & le croyant mort, ils cherchèrent à le venger, en brûlant la ville, & en passant, au fil de l'épée, sans distinction d'âge ni de sexe, tous les Oxydraques.

La bleſſure d'Alexandre, toute dange-
reuſe qu'elle était, ne ſe trouva pas mor-
telle ; l'intérêt tendre que ſon armée pre-
nait à lui, le ſouvenir de la gloire dont
il s'était couvert, la perſpective de celle
qu'il avait à recueillir encore, tout contribua à rétablir ſes forces avant le tems.
Ce moment d'inaction, où l'Aſie entière,
les yeux fixés ſur lui, ſemble partager le
péril qu'il avait couru, était, peut-être,
un des plus beaux de la vie du conquérant ; mais l'hiſtoire regrette, qu'un crime
ait deshonoré ſa convaleſcence.

Le jour où Alexandre put ſe montrer
à ſes ſoldats, il leur donna le ſpectacle
d'une lutte entre le Macédonien Corégos,
qui ſe vantait d'avoir la vigueur d'Hercule, & un Athlète d'Athènes, nommé
Dioxippe, qui avait remporté des prix
aux quatre grands jeux de la Grèce. Le
premier parut, dans la lice, armé de pied
en cap, & ſon adverſaire ſe montra tout
nud, à la manière des Athlètes. L'adreſſe,
comme il arrive toujours dans les luttes

inégales, triompha de la force; Dioxippe évita l'atteinte du javelot de Corégos, brisa sa lance, & saisissant d'une main son épée, de l'autre fit perdre à son corps l'équilibre, & le renversa par terre; à l'instant il met le pied sur la gorge du Macédonien, & élevant sa massue, comme pour lui en briser la tête, il se tourne vers les spectateurs, afin de lire, dans leurs yeux, la sentence de son rival: il s'éleva, de tout le camp, un cri général d'admiration; mais le Roi parut très-blessé de la défaite humiliante d'un Macédonien, il défendit à Dioxippe d'user de sa victoire, &, en se retirant avec sa Cour, il mit fin au spectacle.

Le mécontentement d'Alexandre, fut interprété, par ses vils adulateurs, comme l'arrêt de mort de Dioxippe; ils eurent la bassesse de mettre, sous son chevet, un vase d'or de la table du Monarque, & l'accusèrent ensuite, d'en avoir fait le larcin. L'Athlète sentit toute l'horreur de sa destinée; il se retira dans sa tente avant

que son procès fût instruit, écrivit, à
Alexandre, la lettre la plus touchante,
&, après y avoir apposé son sceau, il se
donna la mort.

Il y avait neuf mois que la flotte Macédonienne s'était embarquée au confluent
de l'Hydaspe & de l'Acésine, quand elle
arriva à Patale (a). Ce nom répond au
Delta des Égyptiens, il désigne une espèce d'isle formée par deux bras de l'Indus.
Le héros fit construire, à l'extrémité de
ce Delta Indien, un port pour ses navires
avec une citadelle; ensuite il s'embarqua,
avec un petit nombre de troupes, sur le
bras droit du fleuve, qui le conduisit,
non sans péril, jusqu'à l'Océan. A la vue
de cette vaste étendue de mers, qui semblait, à des yeux peu physiciens, les
limites du monde, Alexandre se félicita
d'avoir porté ses exploits aussi loin que la

(a) *Strab.* Geograph. lib. 15; *Arrian.* in
indic.

nature ; il pria les Dieux de ne jamais permettre à aucun mortel, de faire une expédition auffi brillante, & il revint à Patale, fier d'avoir terminé ce qu'il appellait, dans fes rêveries fuperbes, la conquête du globe.

NAVIGATION

ET

PÉRIPLE DE NÉARQUE (a).

Alexandre, non content d'avoir conquis ce qu'il nommait le monde, voulut connaître, en détail, ce qu'il nommait son Empire; il commença par charger Néarque, son Amiral, de parcourir, à la tête de sa flotte, toute la côte maritime, depuis Patale jusqu'au fond du golphe Persique, tandis que lui-même, prenant

---

(a) *Arrian.* Histor. Indic. cap. 19. &c.; Plin. *Histor. Natur.* lib. 6, cap. 23 & 24, & lib. 7, cap. 1; *Strab.* Geograph. lib. 3, lib. 11, &c. Præsertim, lib. 15; *Dodwel* de Arrian Nearcho Ap. *Geogr.* Minor. tom. 1, pag. 131.

ſa route par terre, ſortit de l'Inde, pour ſe rendre à Babylone.

Néarque, né dans l'iſle de Crète, était déja connu par d'heureuſes navigations. Homme de Lettres à-la-fois & grand Capitaine, après avoir répondu, par ſes exploits guerriers, à l'attente de ſon maître, il écrivit le journal de ſon voyage maritime, qu'Arrien nous a conſervé dans ſon hiſtoire de l'Inde.

Le Périple de Néarque eſt moins précieux qu'on ne pourrait l'imaginer, d'après cette eſpèce de vénération que nous avons, malgré nous, pour tout ce qui nous vient du ſiècle d'Alexandre, & il faut juſtifier, à cet égard, notre peu d'enthouſiaſme.

D'abord la navigation de Néarque ne peut entrer en parallèle, pour l'importance & la difficulté, avec les voyages mémorables autour du globe, exécutés par les Argonautes du monde primitif ; on ne compte pas vingt-cinq degrés ou ſix cents lieues entre Patale & le fond du golphe

Perſique ;

Perſique ; il n'y aurait pas, dans cette traverſée, de quoi fournir quatre pages aux. relations immortelles de nos Cook & de nos Anſon.

Le Périple même de Hannon, eſt très-ſupérieur à celui de l'Amiral d'Alexandre, quoiqu'il ne ſoit que le commencement d'un voyage autour du monde.

Ce qui diminue encore le mérite de la navigation de Néarque, c'eſt que Scylax, bien long-tems avant lui, en avait entrepris une à-peu-près pareille, & avec un ſuccès non moins grand. Cet Amiral du premier Darius avait deſcendu l'Indus juſqu'à ſon embouchure, & était entré dans la mer Rouge par le détroit de Babelmandel. Le ſouvenir de cette belle expédition s'était ſi peu effacé en Orient, que les pays dont Scylax avait fait la découverte à main armée, formaient encore, du tems d'Alexandre, la vingtième des Sattrapies de la Perſe.

Le Périple de Néarque, outre ſon peu d'importance, manque encore d'authenticité ; il avait été taxé d'infidèle dans le tems, par Onéſicrite, qui commandait le vaiſſeau Amiral, monté par Alexandre ; il ne ſe conciliait pas plus avec les relations de Mégaſthène, qui avait été dans l'Inde, lors de l'expédition des Macédoniens, & qui y fut renvoyé, dans la ſuite, par un des Séleucides, pour négocier la paix avec Sandrocore.

Le beau génie de Rome, à qui on doit la plus vaſte des Hiſtoires Naturelles, nous a tranſmis un Itinéraire abrégé de Néarque, & cet Itinéraire ne reſſemble, en aucune façon, à celui d'Arrien ; on ne peut même expliquer une pareille contradiction, qu'en ſuppoſant que Pline n'avait jamais lu le Périple original de Néarque, mais ſeulement une mauvaiſe compilation, qui en avait été faite, longtems après, par Juba, Roi de Mauritanie.

Enfin, pour couronner l'incertitude des ſiècles ſur cette navigation de Néarque, ſi célèbre dans les annales Grecques, les Hiſtoriens aſſurent que cet Amiral, à son retour, rendit compte, à son maître, de ses découvertes, & Arrien ne lui fait commencer son expédition maritime, que sous l'Archontat de Céphisodore, qui répond à l'année qui suivit la mort d'Alexandre.

Néarque, dans son Périple, parlait de beaucoup de peuples obscurs, dont le nom, les mœurs & les usages, ne se retrouvent plus, ce qui ne doit pas nous surprendre, puisqu'on dispute encore aujourd'hui, où sont les ruines de Babylone & de Carthage ; mais il parle aussi de peuples qui n'ont pas plus existé que les Sphinx, les Centaures ou les Chimères, & nous avons droit de réclamer contre ce tribut intolérable imposé à notre crédulité.

» J'abordai, dit l'Amiral (a), dans une » isle de Nosala, éloignée à peine de cent » stades du continent ; c'était, dans les

____

(a) *Arrian.* Histor. Indic. cap. 31.

» âges primitifs, l'afyle d'une Néréïde,
» qui accordait fes faveurs à tous les
» étrangers qui abordaient dans fa re-
» traite ; fon ufage, auffi-tôt après la
» jouiffance, était de changer fes amans
» en poiffons, & de les jetter dans la
» mer ; le Soleil irrité, ordonna, dans
» la fuite, à la Nymphe, de fortir de
» Nofala : celle-ci obéit, & cédant, foit
» à la pitié, foit à fes remords, elle mé-
» tamorphofa de nouveau en hommes,
» les infortunés qu'elle avait changés en
» poiffons. Telle eft l'origine des Ichtyo-
» phages «.

On n'eft point tenté de connaître à
fond le Périple d'un Navigateur, qui
donne une pareille généalogie aux Ichtyo-
phages. Quoiqu'il en foit, Néarque employa fept mois à une navigation, que
nos Marins les moins expérimentés, feraient en fix femaines, & il ne faut point
l'attribuer, comme l'a fait entendre l'illuftre Préfident de Montefquieu, à la
faifon des tempêtes que prit la flotte pour

mettre à la voile (*a*); il eſt dit poſitive-
ment dans Arrien, que Néarque appareilla
au mois de *Boëdromion*, qui, dans l'année Attique, répond à notre mois de
Septembre; de cette époque juſqu'au
mois de *Munychion* ou d'Avril, terme
de ſon retour, les ouragans qui accom-
pagnent l'autre Mouſſon, ne ſe font jamais reſſentir en-deçà du cap Comorin.

Quand Néarque fut arrivé à l'iſle d'Or-
mus dans le golphe de Perſe, il apprit
qu'Alexandre n'était qu'à cinq journées
de chemin; alors, laiſſant ſa flotte dans
une rade ſûre, il alla trouver le conquérant, qui l'accueillit avec tranſport, comme
Iſabelle de Caſtille reçut, pluſieurs ſiècles
après, Colomb, qui venait lui apporter
la nouvelle de la découverte du Nouveau-
Monde; enſuite Alexandre le renvoya,
avec ordre de remonter l'Euphrate juſqu'à Babylone.

____

(a) *Eſprit des Loix*, liv. 21, chap. 9.

Fin du Tome X de l'Hiſtoire de la Grèce.

TABLE
DES CHAPITRES.
SUITE DE L'HISTOIRE DE LA GRECE.

Fin de la Table des Chapitres.